全国高等院校重点规划教材
·新时代大学生发展核心素养创新教材丛书·

大学新生必读
"5G"体验式教程

主　编　顾定红　徐宏俊　杨智勇
副主编　戴国梅　刘　福
参　编　杨建国　魏　伟

北京理工大学出版社
BEIJING INSTITUTE OF TECHNOLOGY PRESS

版权专有　侵权必究

图书在版编目（CIP）数据

大学新生必读"5G"体验式教程／顾定红，徐宏俊，杨智勇主编．—北京：北京理工大学出版社，2018.10（2020.9 重印）

ISBN 978-7-5640-7641-2

Ⅰ．①大… Ⅱ．①顾… ②徐… ③杨… Ⅲ．①大学生-入学教育-教材　Ⅳ．①G645.5

中国版本图书馆 CIP 数据核字（2018）第 225531 号

出版发行／北京理工大学出版社有限责任公司	
社　　址／北京市海淀区中关村南大街 5 号	
邮　　编／100081	
电　　话／（010）68914775（总编室）	
（010）82562903（教材售后服务热线）	
（010）68948351（其他图书服务热线）	
网　　址／http：//www.bitpress.com.cn	
经　　销／全国各地新华书店	
印　　刷／三河市天利华印刷装订有限公司	
开　　本／787 毫米 × 1092 毫米　1/16	
印　　张／11.5	责任编辑／梁铜华
字　　数／270 千字	文案编辑／梁铜华
版　　次／2018 年 10 月第 1 版　2020 年 9 月第 3 次印刷	责任校对／黄拾三
定　　价／32.00 元	责任印制／施胜娟

图书出现印装质量问题，请拨打售后服务热线，本社负责调换

序

《大学新生必读"5G"体验式教程》即将出版，这是硅湖职业技术学院（以下简称"硅湖"）办学20年来，首次针对新生编写的教程，它有利于提高新生入学教育的规范性和系统性，有利于提升高职学生发展核心素养培养的有效性，我为此感到非常高兴！

这部教程，凸显"5G"（感性导言、感动体验、感悟分享、感恩结语、感奋践行）体验式课堂特色，内容生动，结构新颖，是硅湖以"感动度"为核心、坚持"立德树人，培养未来创造力人才"办学宗旨所取得的可喜成果，符合习近平总书记关于"提升思想政治教育亲和力和针对性，满足学生成长发展需求和期待"的讲话精神。我相信，对大学新生一定会起到很好的引导和教育作用。

一

20年前，我们投资教育，是出于一种责任感，想圆一个理想的教育梦。当时的中国，经济发展迅猛，但是教育相对滞后，不能满足社会和民众对高等教育的迫切需求。梁顺才先生在美国从事教育多年，对东西方教育理念和模式的差异有许多切身的感受，觉得应该为祖国的教育事业做点事。所幸的是，国家也正有意鼓励民办教育，以此给中国教育注入新的活力，推动教育改革，我们也就抓住了这个机遇。

1998年11月15日，硅湖大学（筹）奠基，成为苏州第一所民办高校、昆山历史上第一所高校，后定名为硅湖职业技术学院。20年来，硅湖伴随着中国改革开放的大潮成长、壮大，为社会输送了20 000多名优秀毕业生，并积累了一整套成功的办学经验。

近年来，随着生源竞争以及经济转型升级，民办高等教育面临严峻的危机和新的挑战。但在我看来，这又是一次难得的机遇！一次中国民办高等教育格局大调整的机遇！我们要审时度势、厘清思路，力求在危机中寻求突破和创新。但前提是，必须坚持20年办学初心不动摇，即"产学一体、立德树人，培养未来创造力人才"。

二

在中国，好学生的标准就是"读书好""成绩好"。而发达国家却更注重培养学生的思维和实践能力。我认为，政府之所以鼓励发展民办高等教育，就是希望发挥民办教育的体制和机制优势，最大限度地贴近市场，培养直接服务于产业的应用型人才。为此，我们在办学初期，就提出"前校后企"的构想，要求各系部举办与专业相关的企业，学生通过完全学分制，自主选择学习和工作的时间、内容和方式，实现"产学一体"。我们还借钱给学生，让他们创办公司或模拟投资股票，真正体味市场的酸甜苦辣。我们认为，只有这样，学生才能真正成长。近几年来，政府也开始倡导培养"双创"人才，而硅湖早在创办时就这样做了。只是由于传统观念以及客观条件，这些举措很难坚持。时至今日，深层的障碍还是存在。

所以，我们一直试图将产业拓展与硅湖的人才培养紧密、有机地联结在一起，构建一种直接、可持续发展的"产学研平台"。2010年8月东南东创意园建成，其所有的业态都与硅湖相关院系、专业对应，与硅湖相互依存、相得益彰，就是我们在这方面的大胆实践。

三

教育属于第三产业，今天已成共识。然而，在20年前，这是一个讳莫如深的话题。但在我们创办人心中，这是一个事关生存的问题。梁顺才先生早在办学之初就指出："民办与公办的最大不同是后者要求发展，而前者得首先解决生存。所以民办学校在某些方面可被视为产业。产业的成功之道无他，就是服务、服务、再服务，为孩子服务、为家长服务、为社会服务。"

因此，在硅湖，"教育服务"是核心理念。硅湖人都明白，传统的"家长式教育早已没有持续的市场"，我们只有通过"循循善诱的服务，以爱去滋润他们的心灵，以诚去沟通彼此的观念，以勤去深化学习的努力"（梁顺才先生语），才能实现教育的目标。学生不仅是我们教育服务的对象，更是学校一切工作的出发点和归结点。所以，我们将"感谢学生让我服务"作为教师、职员的座右铭；三届四次董事会议又提出"重视提高学生和家长的感动度"，努力办"感动教育"，就是这一理念的发展和提升。"5G"体验式教学则是"感动教育"研究和实践的可喜成果。

20年来，硅湖职业技术学院从"教育服务"理念出发，坚持"立德树人"办学宗旨，创立了体验式教学、荣誉制度、每周一升国旗、养成教育、一日文明岗、赏识教育、挫折教育、挤压成才、野外生存、社团全覆盖、社区挂职、5S管理、素质学分等一整套学生工作模式，并不断改进和创新。

我们希望，每个选择到硅湖来读书的孩子，不但能学好知识和技能，而且能在文化素养和心理素质上得到很好的培养和提升，能加强信心，发现自己的优势，挖掘自身的潜能，燃烧成功的希望，一生都能走在助人和服务社会的路上。

最近，在四届一次董事会议上，我们又作出"坚持公益性、应用型、国际化，以创新引领发展，把学院建成国内知名、特色鲜明的高水平应用型本科院校"的战略决策。

我们深知任务艰巨，但更觉使命光荣！

梁顺才先生将硅湖校训确定为"责任、荣誉"。他说："我们不会只消极地为减少社会问题而工作，而是投身为社会和谐进步而努力。"

把学校办好，是我们创办人的社会责任，也是硅湖教师、员工和学生的共同责任。

我们真心希望办优质的教育。只有优质的教育，才能赢得市场，才能拥有美好的未来，才能获得真正属于"硅湖人"的荣誉！

最后，再次感谢为编写本教程付出心血的各位同人！

硅湖职业技术学院创办人之一
硅湖职业技术学院董事长
香港城市大学管理学博士

前　言

基于"5G"体验式课堂提升高职学生发展核心素养

顾定红

硅湖职业技术学院从2011年起，积极探索思政课体验式教学改革，以"感动度"为核心，成功创建了"5G"（感性、感动、感悟、感恩、感奋）体验式课堂，显著提高了教学和育人的有效性，被省教育厅誉为我校人才培养工作的"一大亮点与特色"，《光明日报》、《中国教育报》均作过专题报道。2017年荣获江苏省高等教育教改成果二等奖。

2014年，为贯彻党的十八大精神，教育部下发了《教育部关于全面深化课程改革落实立德树人根本任务的意见》，提出要研究"各阶段学生发展核心素养体系"。经过三年研究，于2016年9月正式发布了《中国学生核心素养》白皮书，提出了"以中国学生发展核心素养作为课程设计出发点，明确各学段、各学科的育人目标和任务"的课程改革总要求，为各级各类学校以立德树人为指导、全面深化课程改革指明了方向。

2017年12月，我校"基于'5G'体验式课堂提升高职学生发展核心素养的研究与实践"获批2017年江苏省高等教育教改研究立项重点课题［2017JSJG084（2-6）］，本教程即为该课题的成果之一。

一、国内外相关研究现状

学生发展核心素养作为21世纪重要的育人目标，国外相关研究已经形成比较系统完善的内容结构、课程体系和质量保障体系，成为推动西方发达国家教学改革的支柱性理念。美国、日本、德国、新加坡等数十个国家均以此作为制定人才培养战略的基础。

2016年9月，由教育部主导、历时三年研究完成的《中国学生核心素养》白皮书正式发布。该书从培养"全面发展的人"出发，将中国学生发展核心素养分为文化基础、自主发展、社会参与3个方面，人文底蕴、科学精神等6大要素和国家认同、理性思维等18个基本要点，涵盖了对学生必备品格和关键能力的综合要求，从而将"立德树人"根本任务具体化、体系化、规范化，因此必将对未来学校教育产生极其深远的影响。但是，目前高职学生核心素养研究尚处于空白。

二、课题研究目标

"基于'5G'体验式课堂提升高职学生发展核心素养的研究与实践"课题，将坚持立

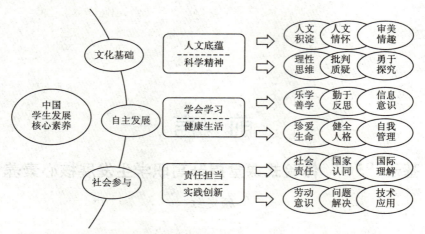

德树人根本任务,发挥"5G"体验式课堂独特的育人效果,通过构建科学的高职学生发展核心素养体系并纳入课程和实践模块,明显提升高职学生的核心素养,培养具备适应终身发展和社会发展需要必备品格和关键能力的社会主义事业建设者和接班人。

课题将根据高职学生的心理特点和成长规律,结合社会对应用型人才的需求,初步构建高职学生发展核心素养的培养和评价体系,并落实到具体的高职教育教学过程和内容中去,为培养和提升高职学生发展核心素养作出开创性探索。

三、本教程的创新点

本教程从提升高职学生发展核心素养出发,根据大学新生的心理特点、思想问题和成长规律,通过"三转变""三重构",发挥"5G"体验式课堂特有的育人效果,提升高职学生核心素养教育培养的有效性。

1. 以学生为本,实现"三转变"

体验式教学,是以学生为主体,通过情感体验、团队学习和分享交流而获得正确认知的教学模式,有利于满足学生获得尊重、主动交流和自觉践行的内在需求,提升教育教学的有效性。所以,在教育理念上必须实现三个转变:

(1) 注重知识传授向注重人的素养提升转变。教书是为了育人,教学过程不是单纯知识的传授。教师必须努力成为教育者,而不是教书匠,要将主要关注点转到帮助学生树立正确的世界观和人生观上来,注重学生发展核心素养和思想道德品质的提升。

(2) 个体学习向团队学习转变。通过精心设计团队学习活动,让学生共同学习、相互讨论,让学生有机会通过了解、比较别人的想法来得出自己的结论,这对学生批判性思维、问题解决能力和自我管理意识等发展核心素养的增强具有特别重要的意义。

(3) 理论主导向行为主导转变。通过精心设计、组织体验活动,让学生获得强烈的情感体验,进而愿意分享、主动认知、主动学习,进而产生自觉、持久的内驱力和行动力。这是学生发展核心素养的最终体现。

2. 以感动度为核心,实行"三重构"

(1) 重构课堂结构。

感性导言(1G):每次课程,老师都会伴着美妙的音乐声,用充满情感的感性语言、语调,或叙事,或诵诗,或感怀,引导学生进入本课特定的情境和氛围,产生积极情感和探究兴趣。

感动体验（2G）：精心设计富有感动度和震撼力的体验活动，将课程主题和教学内容有机融入活动之中，使学生身临其境、感同身受，为主动认知和自觉行动奠定情感基础。

感悟分享（3G）：给予充分的时间和空间，让学生进行感受分享，使情感都得以充分抒发，感悟得到充分表达。这是5G课堂实现自主学习、自我教育的关键环节。

感恩结语（4G）：课程结束前，教师从"感谢学生让我服务"出发，表达对学生分享中的态度、言行的赞许和鼓励，提炼归纳正确有益的观点，升华课程主题。

感奋践行（5G）：教师必须明确提出课后具体行动要求，或写感言深化感悟，或做一事外化于行，提高思政教学的有效性。

（2）重构教学内容。紧贴学生思想和生活实际，精选感人案例，通过"有感而发"、"扪心自问"和"名人名言"的引导，加上富有震撼力的体验活动，再辅之以感性音乐和灯光变化，实现"让真情拨动心弦，让思想随音符飞扬"，激发学生丰富的联想和强烈的情感体验。

（3）重构教学组织。组建学习小组，创设团队学习平台，导师和学长与学生同体验、同感动、同分享、同成长。感受分享是"5G"课堂最重要的学习环节，常常无法硬性中断，可采取弹性学时方式，保证"5G"课堂效果。

3. 以"课程思政"为目标，促进"三全育人"

中共中央、国务院《关于加强和改进新形势下高校思想政治工作的意见》提出要"全员育人、全过程育人、全方位育人"，实现"思政课程"向"课程思政"转化。但由于高职院校各专业课程性质、类别相差甚大，很难落实；而学生发展核心素养是学生知识、技能、情感、态度和价值观等必备品格和关键能力的综合要求，在所有课程中都可以体现，完全可以选择导入，从而有利于解决"思政课程"向"课程思政"转化难题，促进高校思想政治工作实现"全员全过程全方位育人"。

习近平总书记在全国高校思想政治工作会议讲话中指出：高校思想政治工作"要因事而化、因时而进、因势而新"。基于"5G"体验式课堂，提升高职学生发展核心素养的研究与实践，是新时代加强高校思想政治工作的大胆创新和主动实践，希望本教程在教学实践中不断完善，更好地提升教育教学的有效性。

目　录

模块一　缘聚硅湖 ……………………………………………………………………（ 1 ）
　　感性导言　从此我们共有了一个名字"硅湖人" …………………………………（ 3 ）
　　感人案例　硅湖创办人梁顺才的故事 ……………………………………………（ 3 ）
　　　　　　　　《民办硅湖大学（筹）年鉴（2002—2003）》序言 ……………………（ 6 ）
　　　　　　　　硅湖十周年庆典感人一幕 ……………………………………………（ 7 ）
　　感动体验　"缘"聚硅湖 ……………………………………………………………（ 11 ）
　　感悟分享　我们有了新的母校、新的家 …………………………………………（ 12 ）
　　感恩结语　"感谢上天，让我有幸作为老师，与你们一起分享知识和快乐！" …（ 12 ）
　　感奋践行　写一文，做一事 ………………………………………………………（ 13 ）
　　拓展阅读　梁顺才博士在 2018 届毕业典礼上的致辞 …………………………（ 13 ）
　　　　　　　　2018 届学生刘耀泽在毕业典礼上的发言 ……………………………（ 14 ）
　　　　　　　　《硅湖职业技术学院"十三五"发展规划》（节选） …………………（ 15 ）

模块二　情在硅湖 ……………………………………………………………………（ 21 ）
　　感性导言　学缘，不是亲情胜亲情！ ……………………………………………（ 23 ）
　　感人案例　请假条的故事——记硅湖职业技术学院 2018 届毕业生 …………（ 23 ）
　　　　　　　　学生公寓 2343 室的故事 ……………………………………………（ 27 ）
　　　　　　　　2008，我们的青葱岁月——记汽车专业 2008 届毕业生十周年相聚 …（ 29 ）
　　感动体验　我想有个家 ……………………………………………………………（ 30 ）
　　感悟分享　我的宿舍我的家 ………………………………………………………（ 33 ）
　　感恩结语　"你们让我感受到了家人般的温暖！" ………………………………（ 33 ）
　　感奋践行　写一文，做一事 ………………………………………………………（ 34 ）
　　拓展阅读　习近平在北京大学师生座谈会上的讲话（节选） …………………（ 34 ）
　　　　　　　　工科"女学霸"的别样人生——自动化学院 617 宿舍六朵姐妹花的故事
　　　　　　　　………………………………………………………………………………（ 37 ）
　　　　　　　　寻找"南开好室友"讲出身边感人故事 ………………………………（ 38 ）

模块三　学在硅湖 ……………………………………………………………………（ 41 ）
　　感性导言　学在课堂，学在实践，学在社会 ……………………………………（ 43 ）
　　感人案例　我提前毕业啦 …………………………………………………………（ 43 ）
　　　　　　　　长江汽车，让我成长 …………………………………………………（ 46 ）
　　　　　　　　我的兼职经历——记者采访打工学生的报道 ………………………（ 48 ）
　　感动体验　我当面试官 ……………………………………………………………（ 49 ）

感悟分享	所有问题的答案，都需要自己去寻找	（50）
感恩结语	"希望我们一起努力，学在硅湖，学有成效！"	（51）
感奋践行	写一文，做一事	（51）
拓展阅读	硅湖职业技术学院学生提前毕业实施办法	（52）
	硅湖职业技术学院工学交替实习管理办法	（53）
	硅湖职业技术学院关于在籍学生参加"专接本"的规定	（57）

模块四　文化硅湖 （59）

感性导言	东南东，硅湖靓丽的文化名片	（61）
感人案例	建筑大师与小女人的建筑大梦	（61）
	东南东创意园暑期实践营	（64）
	东南东——硅湖产学创基地	（67）
感动体验	守护东南东	（70）
感悟分享	创造美，千辛万苦；破坏美，一念之间！	（70）
感恩结语	"我也愿意和大家一起，做东南东的守护者。"	（71）
感奋践行	写一文，做一事	（72）
拓展阅读	鉴赏茶文化，明礼且致远	（72）
	"百戏之祖"新昆曲进校园	（72）
	第十三届《硅湖之春》文化艺术节总体方案（节选）	（73）

模块五　法制硅湖 （77）

感性导言	"勿以恶小而为之，勿以善小而不为"	（79）
感人案例	忏悔——马加爵的一封信	（79）
	大学生违反校纪校规案例六则	（81）
	扫除力——做有素质的大学生	（83）
感动体验	"零容忍"宣言	（85）
感悟分享	法律是成文的道德，道德是内心的法律	（86）
感恩结语	对所有不文明行为 Say "No"	（86）
感奋践行	写一文，做一事	（87）
拓展阅读	上胜町：日本零垃圾小镇	（87）
	酒后伤人，大学生涉罪	（88）
	实现中国梦必须锤炼高尚品格（节选）	（91）

模块六　感动硅湖 （93）

感性导言	感动是暖暖微风，轻轻摇动你心中的风铃	（95）
感人案例	不放弃：用微笑迎接明天	（95）
	不抛弃：伸出双手，爱心传承	（96）
	三位"硅湖学子"的故事	（98）
感动体验	我最感动的事（人）	（99）
感悟分享	感动是一种能力	（100）

感恩结语	"让我更想当好老师！"	(101)
感奋践行	写一文，做一事	(101)
拓展阅读	学雷锋，这个战士感动了"最美教师"	(101)
	生命因搏击而精彩	(102)
	背着养母上大学	(103)

模块七　平安硅湖 ································ (107)

感性导言	平安是福！	(109)
感人案例	曹雨浩遭遇引发的安全思考	(109)
	校园贷退出校园市场后（节选）	(110)
	霍金的故事	(112)
感动体验	生命线	(114)
感悟分享	安全，让生命线有了生命！	(115)
感恩结语	"我愿我们大家都平安、充实、幸福！"	(115)
感奋践行	写一文，做一事	(116)
拓展阅读	这些大学生安全防范常识，你 get 到了吗？	(116)
	大学生常见财产安全案例三篇	(119)
	守护生命十大黄金法则	(125)

模块八　乐活硅湖 ································ (127)

感性导言	乐活硅湖，你我共建	(129)
感人案例	这个夏天，汗水中的成长	(129)
	生活不止诗和远方，还有舞蹈和梦想	(131)
	出生黑土地，扎根新花桥	(133)
感动体验	"我行我秀"擂台赛	(135)
感悟分享	生活原本如此，乐活在于态度	(135)
感恩结语	"所有的日子，都要把它们过成快乐的日子！"	(136)
感奋践行	写一文，做一事	(136)
拓展阅读	四季分明，大美硅湖	(137)
	硅湖社团及部分学生活动一览	(138)
	2018 RMCC 中国花桥首届卡丁车城市街道赛拉开帷幕	(141)

模块九　便捷硅湖 ································ (143)

感性导言	硅湖伫立在众多文化明珠之间	(145)
感人案例	周庄深度游，且行且感受	(145)
	最美的行囊	(148)
	上海印象——学生游记	(154)
感动体验	开火车	(156)
感悟分享	苏州作为千年的历史古城，承载着厚重的历史积淀	(157)
感恩结语	"感恩硅湖，让我们缘聚江南！"	(158)

感奋践行 写一文，做一事 ……………………………………………………（158）
拓展阅读 昆山对接上海，新时代唱响又一幕唯美"昆曲" ……………………（159）
　　　　　余秋雨：《白发苏州》 ……………………………………………………（161）
　　　　　张爱玲：《到底是上海人》 …………………………………………………（164）

后记：编者的话 ……………………………………………………………………（166）

参考文献 ……………………………………………………………………………（167）

模块一

缘聚硅湖

感性导言

（背景音乐）

亲爱的同学们：

茫茫人海，阡陌世界，你们带着父母亲友的期望，带着自己心中飞扬的梦想，来到了硅湖，成为一名光荣的大学生！从此我们共有了一个名字"硅湖人"。

在硅湖，你们将度过一千多个美好的日日夜夜，你们会收获欢笑，但也可能品味沮丧；你们会感受荣耀，但也可能体会挫败。为了帮助大家尽快熟悉硅湖，尽快融入大学生活，我们精心设计了一套情理交融、行知合一的"5G"体验式教学体系，作为母校送给你们的一份礼物，以期对你们未来的学习和生活有所帮助。

在硅湖，大学不是驿站，而是你们一生难忘的家。那么，你们一定想知道：这是怎样一个家？这个家有哪些感人故事？故事的主人公又是谁？

名人名言

高校立身之本在于立德树人。

——习近平

我们要教人，不但要教人知其然，而且要教人知其所以然。

——陶行知

感人案例

案例一

硅湖创办人梁顺才的故事

梁顺才，建筑学博士，美籍华人，硅湖职业技术学院创办人。他还创办了苏州国际外语学校和青岛国基外语学校。曾担任美国摩里森大学董事长，美国硅谷海外投资公司董事长，美国国务院拉斯维加斯经济特区驻江、浙、鲁三省商务办事处主任和美国S&P教育基金会主席。著有《群众心理与商业设计》《商业区经营与建筑规划》等数十篇学术论文。作为著名建筑设计名家，他曾获美国餐厅设计及施工金奖，在中国国际建筑设计图大赛上三次获第一名。

笔记区

20多年前,梁顺才博士毅然放弃在美国的事业和其他产业,回国办学,把全部心血倾注在民办教育事业上,希冀在他个人的理想国中构筑一座教育的"摩天大楼"。这样伟大的教育梦想和无法割舍的办学情结,源于他坎坷的经历以及母亲的教导。

2006年,在他创办的第一所学校——苏州国际外语学校十周年校庆之际,他撰写了《我亲爱的孩子们》一书。他在书中写道:

"打我出生以来,磨炼便接踵不断。

"在战乱成长中,小学足足读过六所。到初中时,父母因开设农场而离家。因此我除了读书以外,还得照顾妹妹。父亲生意失败时,我刚从高中毕业。后来,考取了大学,却无法交学费,于是请求校长允许我每月一付。经济来源就是在学校打工,刻写钢板。到现在,右手中指的茧还在。

"付了学费还得过生活,于是又找了个家教兼职。

"最苦的日子身无分文,只得以馒头充饥。当连买馒头的钱都没有时,又不愿借贷,就只有晚上提早睡觉,抵御饥饿的五腑。

"在这些苦难的日子中,我是在母亲的汗水和泪水中成长的。她虽然没有进过学校,但给了我莫大的力量。

"她要我自立、自强,为社会人群服务。

"今天是苏州国际外语学校十周年校庆,我想是让她看到苦心没有白费的时候了。

"我请妹妹把她从台湾家乡带来参加典礼,奉为特别嘉宾。

"虽然她现在只是一张泛黄的照片!"

当年,梁顺才的母亲是靠帮佣支撑家庭、支持他完成学业的。梁顺才没有辜负母亲的期望,学习努力,成绩优良。大学期间就为母校——逢甲大学设计了商学院大楼。大学毕业不久又为台北第一栋百货大楼——远东百货作了室内设计,成为台湾很有名气的建筑设计师,为后来远赴美国创业奠定了良好的基础。

梁顺才博士在美国生活、创业多年,对东西方教育体制和教育理念

的差异和各自优越性感受深刻，希望将先进教育理念贯穿到社会、家庭，通过潜移默化改变、成就学生，为国家未来培养具有创造力人才，让中国人不仅在世界上站起来，更要强起来。

1995年，梁顺才先生与夫人史宝凤博士携手创办了苏州第一所民办学校——苏州国际外语学校。1998年，他们又一起创办了昆山历史上第一所高校——硅湖职业技术学院。2002年又创办了青岛国基外语学校。

笔记区

梁顺才博士为每所学校确立了独到的办学理念和前瞻性的办学定位，还发挥自己的建筑师专长，亲自主导校园设计，每一所学校的建筑造型都极具创意，每一个校区的景观设计也独具特色。他希望通过独特的建筑设计，为学生营造一个富有创意、便于交流的学习环境，让学生自主学习、快乐成长。梁顺才博士对教育的赤诚之心，也深深地感染了他身边的所有同事，大家都愿意全心、全情投身教育，愿意跟随他实现推动中国教育改变的伟大梦想。

在《我亲爱的孩子们》一书的最后，他写道：

"每个人都有他的理想国，有些可以实现，有些却永远是梦想。

"如果我能力足够或更努力的话，有些理想可能远离梦想。

"我亲爱的孩子们成就或多或少，都支持了我对自己梦想固执的追求。

"十年树木，百年树人。

"需要的是：去做，而且是现在！

"一切都是为了你们的未来，我亲爱的孩子们！"

 有感而发

少年梁顺才命运多舛，而母亲的身传言教，让他坚信"好好读书可以改变命运"，由此他奋发努力、学业精进，以至事业有成，并同时萌发了他深深的教育情结。1998年，他远见卓识，与史宝凤博士一起，在昆山花桥，为硅湖砌下了第一块砖，为20 000多硅湖学子铺就了通往成功之路，令人敬重，我们应该感恩！

20年过去了，花桥从一个小乡镇变为具有国际水准的海峡两岸商贸区和"中国金融硅谷"。"乐和城"的霓虹、天福园的碧波，便捷的交

笔记区

通、充满现代韵律的高层住宅，构筑起花桥作为青年城市的无限活力和一流环境！硅湖当年是开拓者，今天更是其中一道亮丽的风景！我们值得自豪！

▶ **扪心自问**

（1）我听了梁顺才的故事有何感想？
（2）如果我是梁顺才，会放弃美国的事业和产业，回国办学吗？

名人名言

天才是百分之一的灵感加上百分之九十九的勤奋。

——爱迪生

古之立大事者，不惟有超世之才，亦必有坚忍不拔之志。

——苏轼

案例二

《民办硅湖大学（筹）年鉴（2002—2003）》序言

梁顺才

硅湖是培育有多方思维、能力的创业型人才基地。

在国内的教育产业，我是从苏州国际外语学校做起来的。现在许多人都对这个在国内卓有声誉、拥有近15万平方米校舍和近4 000名学子的学校振奋不已，而谁又知道在1995年开学时只是租了一栋5 000平方米教学楼、一公顷校地的学校呢？七个年级在报到的第一天只来了78个学生，使我们甚至考虑停办，放弃一切。但是我们以努力和毅力支撑了起来。

为了纪念这段历史，为了让后人了解创业者的艰辛，所以我在新学校的进口挖了个一公顷的湖，作为步入这个校园的学子奋发的目标：这就是硅湖！

硅是高科技的原料，湖是人才汇聚。

硅湖有不一样的地方，因为它是汇聚成功人士的源泉；

硅湖有不一样的理想，因为它是步入现代化的阶梯；

硅湖有不一样的做法，因为它培养手脑并用的具有创造力的人才；

硅湖有不一样的环境，因为它告诉你"一分耕耘一分收获"。

硅湖种满了荷花，有时荷叶田田，有时残叶遍野；花开花落，只要努力不懈，总会春意盎然，苦尽甘来。

这就是人生！

这就是事业！

这就是硅湖！

让我们在这里学习奋斗，让我们来日共享成功。

 有感而发

近几年来，国家大力倡导培养"双创"（创新创业）人才，鼓励职业院校创办"校中厂""校中公司"，实现产教融合，而硅湖早在创办时就这么做了。

当年，梁顺才博士提出"产学一体"办学，培养未来具有创造力的人才。要求各专业系部兴办相关企业，推行完全学分制，让学生通过自主选择学习和工作的时间、内容和方式，实现"工学交替"。还借钱给学生，帮助他们在校内开店、办公司或模拟投资股票，为学生开设"创业法律""创业营销""创业财务"等课程，取得了很好的成效。

梁顺才博士先进的教育理念和远见卓识令人敬佩！

▶ 扪心自问

（1）我理解什么是"未来具有创造力人才"吗？
（2）我有没有胆量在校创业？如果有，会做哪方面的创业项目？

名人名言

一个人的生命应当这样度过：当他回首往事的时候不会因虚度年华而悔恨，也不会因碌碌无为而羞愧！

——保尔·柯察金

教育者的个性、思想信念及其精神生活的财富，是一种能激发每个受教育者检点自己、反省自己和控制自己的力量。

——苏霍姆林斯基

案例三

硅湖十周年庆典感人一幕

（音乐起，一架小飞机飞临庆典现场，盘旋一周后落在梁董事长的手

笔记区

（音乐声中，电话铃响起）

男主持人：1998年秋，在鹿城昆山、名城苏州、省会南京、首都北京，教育主管部门的电话都响起一个声音："创办硅湖大学！"从此，"硅湖"的旗帜高高飘扬在中国民办高校的行列！

女主持人：10年了，硅湖的创业者怀着强烈的社会责任感，把民办教育当作崇高而神圣的事业，顽强拼搏铸就了硅湖精神，呕心沥血创造了硅湖今天的成就！

男主持人：10年，对于历史来讲，只是沧海一粟。但对于硅湖人来说，却格外厚重和珍贵！而最最珍贵的是每一位选择硅湖的学子，你们是硅湖永远的主角、永远的骄傲！

女主持人：有请史宝凤执行董事访谈硅湖的优秀校友代表。

史宝凤：徐飞你好！今天硅湖校庆，你肯定很激动吧！

徐飞：是啊，非常激动！我一生最感谢的就是硅湖，我们全家一辈子都不会忘记硅湖！我和弟弟是双胞胎。当年，我们同被高校录取，由于家庭困难，我只好放弃了到武汉一所高校上学的机会，以保证我弟弟上学。后来，硅湖学院向我伸出了温暖的手，我被硅湖特招，三年学费全免，帮助我圆了大学梦！现在，我入了党，留了校！我只有一句话：感恩硅湖！

史宝凤：也谢谢你对硅湖的挚爱和奉献！这位是柳寒阳同学吧，你可是当年硅湖的名人啊！

柳寒阳：谢谢史董还记得我！我就是苏州金阊外国语学校新校区规划的设计者，当年这个项目荣获了江苏省大学生毕业设计一等奖！

史宝凤：是啊，这可是与许多知名本科大学的学生比拼获得的荣誉，不简单啊！

柳寒阳：谢谢史董的夸奖！

史宝凤：你身旁两位同学胸前挂的是什么奖牌啊？

陈盼盼、成吴燕：我们俩在去年江苏省运动会上，每人夺得三块金牌！

史宝凤：祝贺祝贺！感谢你们为学校赢得了荣誉！

许文明：史董好！我叫许文明。

史宝凤：哦，你就是担任学生会主席时间最长的那位吧？当年在校很活跃啊！

许文明：是的！我在担任学生会主席期间，组建了硅湖青年志愿者服务队，与连云港灌南县小学对口支援，成绩显著，被苏州和昆山团市委授予优秀志愿者服务队称号！

史宝凤：对对，你算是志愿者的前辈了！你叫李道富吧，你现在在哪儿高就啊？

李道富：我在昆山大众4S店当销售经理。

史宝凤：哦，你还坚守在汽车行业，非常好！

李道富：这都得益于当年在学校的学习和社会实践。记得我在担任院学生会主席期间，经常参与花桥开发区各种社会活动的组织策划，大大提升了我的工作能力，毕业时很多单位都抢着聘用我。

史宝凤：这位是刚刚卸任的学生会主席赵亮吧？

赵亮：是的，我在担任学生会主席期间，学校很重视社团建设，我本人也参加了篮球队，我们球队与江苏南钢队打了一场友谊赛，终生难忘！

崔恒龙：史董您好！您还记得我吗？

史宝凤：记得记得，你是设计系的小崔吧，听说毕业后一直在好孩子集团工作？

崔恒龙：是啊，我是好孩子集团设计室童床设计师，现担任设计室主任。我已获得国家几十项专利。人家问我，你是哪个学校毕业的，我总会自豪地说：我是硅湖毕业生！

许文璋：史董，我是江苏省大学生创新项目动画片《山海经》制作团队的代表，我们制作的动画片《山海经》这次被选送省里评奖了！

史宝凤：不错，希望你们能获奖！你们个个都是好样的，为硅湖争了光！我代表硅湖师生感谢你们！

学生们：谢谢史董！感谢硅湖的培养！

男主持人：刚才的情景太动人了！都是硅湖情把我们师生连在了一起！

女主持人：听说你也是硅湖第一届毕业生啊！你在上海事业做得很成功，这次是特地来参加母校十周年校庆的？

男主持人：是啊，母校10岁生日，我是一定要来的！下面我要和谷文洋、徐津、许彦等首届校友一起朗诵一首诗，代表首届校友，表达对母校的一片深情！

诗的题目是"我是硅湖第一届"（内容略）。

女主持人：今天的典礼上，在校学生要向尊敬的梁董事长献礼，有请学生代表上台献礼！

设计系：影视专业学生专门制作了学校创办人梁顺才博士精美的彩色照片相框，作为校庆十周年纪念品，请梁董收藏！

笔记区

笔记区

生物系：这几天我们在上海同济堂药业实训时，我们自己动手，为董事长做了两瓶补膏，祝董事长健康长寿！

机械系：我们机电一体化的学生，在实训中心自己设计、编程、加工制作了一个庆祝十周年的纪念品，送给梁董事长！

外语系：在十周年校庆之际，我们外语系同学在老师指导下自编了一本《常用日语100句》，请董事长指教！

工商系：我们是旅游专业的学生，特献上两杯我们精心调制的鸡尾酒，请梁董品尝，共同为母校十周年干杯！

土建系：我们土建学子制作了建筑模型，特向十周年校庆献礼！

信息系：刚才飞在典礼上空的航模就是我们亲手制作的，现在我们把它送给董事长作为纪念！

梁董：谢谢大家！在今天这个特别的日子，能收到硅湖学生亲手制作的礼品，我很开心，一定好好珍藏！我为硅湖有你们这样优秀的学子感到骄傲！

女主持人：创校10年，硅湖人以隆重的仪式纪念和庆祝！

男主持人：再过10年，硅湖期待与您共享今天的记忆和明日的辉煌！

 有感而发

硅湖，真是一个充满人性、温情的大家庭。时隔10年，家长与家人还如此熟悉、亲密！

母校，英译为One's mother school！

我想，母校就是一支永远的乐曲，我们是她放飞的音符；无论我们将来汇入哪一首诗歌里，都跳动着她的一节旋律！母校是一处温馨的港湾，我们是从她怀中驶出的小船，无论我们将来停泊在哪一个码头里，都闪烁着她的一盏航灯！

母校会宽容我们的幼稚、任性和挫折，也会见证我们的梦想、**努力**和成长，铭刻下我们共同的美丽回忆和快乐篇章！

▶ 扪心自问

（1）我对母校有何认识？
（2）来硅湖后，特别是军训中，我遇到过哪些令我印象特别深的人或事？

名人名言

一个人对社会的价值，首先取决于他的感情、思想和行动对增进人类利益有多大作用。

——爱因斯坦

千教万教，教人求真；千学万学，学做真人。

——陶行知

感动体验："缘"聚硅湖

【活动目的】
（1）通过体验，感受硅湖带给我们的"缘"，建立对母校的情感认同。
（2）通过活动，消除新生之间的陌生感。
（3）帮助新生增强自信，主动交流，奠定团队学习的思想和情感基础。

【活动准备】
（1）多媒体教室一间。
（2）在教室划出八个片区。
（3）每个学生一个胸卡。
（4）助教（或学长）两名。

【活动导言】（背景音乐《相亲相爱的一家人》）
茫茫人海，你来自哪里？（随机抽取五名同学提问）
我们来自五湖四海，告别父母，他乡求学。相聚是缘，缘自硅湖！在这里，听到乡音就是美妙的乐曲，尝到乡味就是琼浆玉露，遇到同乡人便是亲人！
让我们一起体验听到乡音、遇见亲人的感受吧！

【活动过程】
（1）导师请全体同学起立，根据自己家乡所在省份站到对应的片区：
一区为华东地区：山东、江苏、安徽、浙江、福建、上海；
二区为华南地区：广东、广西、海南；
三区为华中地区：湖北、湖南、河南、江西；
四区为华北地区：北京、天津、河北、山西、内蒙古；
五区为西北地区：宁夏、新疆、青海、陕西、甘肃；
六区为西南地区：四川、云南、贵州、西藏、重庆；
七区为东北地区：辽宁、吉林、黑龙江；
八区为港澳台地区：台湾、香港、澳门。

笔记区

笔记区

(2) 根据各片区人数，以大片区或各省市为单位，8~10人为一组围圈席地而坐。

(3) 每人用三分钟时间作自我介绍。当一位同学自我介绍时，其他同学要仔细倾听，尽可能多了解有关他的信息。

(30分钟时间到！)

(4) 导师随机请一位同学上台来介绍自己的家乡和新认识的朋友。(介绍完毕，大家掌声鼓励)

感悟分享

(背景音乐)

1. 导语

缘聚硅湖，我们有了新的母校、新的家。

俗话说，百年修得同船渡！在硅湖，我们今天相逢、相识，明天相知，甚至有缘相爱！

人生得一知己足矣！人生有缘相聚幸也！

未来三年，我们要珍惜相聚的缘分，要珍惜大学生这个称号，要无愧于梁董和史董创办硅湖的初心，无愧于母校的培养和父母、师长的心血！这就是我们今天要认真思考和分享的主题：

(1) 通过活动，你对缘分有何感受？

(2) 硅湖让你成了一名光荣的大学生，你是否感恩？

(3) 硅湖三年，你有哪三个小目标？

2. 小组分享

以小组为单位进行感悟分享。

3. 大组分享

由各小组推荐或自荐一名同学上台进行感悟分享。

亲历感言（学生填写）

(1) _____

(2) _____

(3) _____

活动点评（老师填写）

(1) _____

(2) _____

(3) _____

感恩结语

(背景音乐)

亲爱的同学们：

当年梁顺才博士怀揣教育报国的理想，艰苦创校，历尽风雨，初心不改。

刚才同学精彩、感人的分享，表达了你们告别昨日的任性，珍惜今天来之不易的学习机会，用勤奋和汗水为父母争光、为母校添彩，为自己的未来加油的坚定决心！老师非常感动，也倍感责任重大。

感谢上天，让我有幸作为老师，与你们一起分享知识和快乐！与你们一起感受彼此心灵的温度，体会每一个真实而不同的心路历程！与你们一起用激情记录生命中每一个精彩的瞬间，共同创造我们自己和母校明日的辉煌！

名人名言

学校者，人才所由出；人才者，国势所由强。

——郑观应

亡而存之，废而举之，愚而智之，弱而强之，条理万端，皆归本于学校。

——梁启超

感奋践行

（1）写一文：《硅湖——我的新母校》。

（2）做一事：结合本模块主题，做一件事，如用抖音制作一个"我的新母校"短视频。

名人名言

成功的教学所需要的不是强制，而是激发学生的兴趣。

——列夫·托尔斯泰

使学生对教师尊敬的唯一源泉在于教师的德和才。

——爱因斯坦

拓展阅读

阅读一

梁顺才博士在 2018 届毕业典礼上的致辞

各位好！总算轮到我了！

三年前，各位走进硅湖的大门。一转瞬，一千多个日子又从手指缝中溜走了。今天，当各位要离开硅湖大门的时候，你们会发现，外面的世界完全改变了。这不是说我们绿地大道前面的人多了，车子多了，建筑多了，而是我们生活的习惯改变

笔记区

了。因为现在不需要到店里去买东西,甚至社会上的扒手也少了。为什么?因为他知道你的口袋里没有现金。在一万公里①之外的美国硅谷,这个我一个星期前刚刚离开的地方,是全世界的人类为了更美好的未来作为高科技研发的一个战场,前两年我们还只是听说发明了自动汽车,而现在我向各位报告,无人驾驶车已经不是梦想了。所以,这个世界,它的发展,远远超过我们的想象。

再譬如,大数据已经完全颠覆了过去我们所想象的世界。

随着大数据的发展,人工智能现在发展得非常厉害。目前,机器人不仅仅是在旅馆、车站售票处那些普通的智能机器,而几乎是一个人体的概念,这个概念现在已经慢慢看到雏形,将来会有很多工作被取代,譬如律师、会计师,还有像我所从事的建筑师,这些工作都可能会被机器人取代。

所以,在今天你们要离开校门的时候,我特别想对各位说,你们要对未来有充分的认识。你们走上社会,要从事朝阳产业,否则到你们中年的时候,就会碰到失业危机,会遭受非常大的痛苦。另外,我要特别奉劝各位,在离开校门后,你们未来一定要尽量从事你们喜欢的事业,而不要为金钱追逐。如果你们所做的工作不是你们喜欢的,你绝对不可能成功!有句话说,人有两只脚,而钱有四只脚。如果你们做得好,钱会跟着你走;如果你们做得不好,不管你们怎么追,也很难追上钱的脚步。

现在,你们就要离开学校了,在离开之前,我们新的校舍还没完全建好。在这里,我向各位报告一个消息,我已经为学校规划了一面很大的荣誉墙,我希望在不久的将来,你们回校的时候,能把你们的成功和你们的名字,放在这面荣誉墙上,作为我们未来所有硅湖人的楷模。

各位亲爱的孩子们,你们就快要离开了,你们就像一只老鹰离开了巢,会飞得越来越远,飞得越来越高。但别忘了要常常回来,硅湖永远是你们的家,永远是比这个大厅还要温暖的家,所以各位永远记住,所有硅湖人都在等待你们回来,等待你们成功。

亲爱的孩子们,珍重,再见!

阅读二

2018届学生刘耀泽在毕业典礼上的发言

尊敬的各位老师,亲爱的同学们:

大家上午好!

我是汽车工程学院2015级学生刘耀泽,今天很荣幸能代表全体毕业生说些心里话。

三年前,脸上还带着些许青涩的我们,与曾经日日见面的亲朋好友告别,来

---

① 1公里=1 000米。

到了硅湖，开启了人生中最美好的大学时光。也不记得苏州的梅雨季节过了几次，大雪落了几回，转眼间我们的故事已经写到了毕业的节点，要和硅湖说声再见。在这难舍的日子，我想用三句话表达自己的感情和感想。

一是"落其实者思其树，饮其流者怀其源"。临别前难忘师长的教诲，难忘学校的关爱。他们为我们传授了无价的知识，树立了独立的人格，告诉我们要自强不息、坚忍不拔，做脊梁挺拔的硅湖人；要兼容并蓄、自由开放，做多彩的硅湖人；更要认真负责、敢于担当，做顶天立地的硅湖人。这种"硅湖精神"与神奇的东南东以及今天大厅在场的近千名硅湖人一起，凝成了硅湖印记，深深烙刻在我们每一个人的心里。

二是"良辰美景奈何天，情深却终要离别"。家的温暖与培养，正是我们前行的勇气与动力。正值弱冠之年的我们，将带着硅湖学院给予的一身本领，直面挑战，扛起家庭的未来和学校的期望。20 多岁的我们，在 2020 年全面建成小康社会时，要努力有所作为。到 21 世纪中叶基本实现现代化时，我们要力争成为社会发展的中流砥柱，成为站在时代潮头挥舞旗帜的人。无论在哪个岗位，我们都将为实现国家"两个一百年"的奋斗目标做出贡献。"责任、荣誉"校训不敢相忘！民族发展大计从今天起，也是我们硅湖青年人的责任。

三是"红日初升，其道大光。前途似海，来日方长"。在硅湖求学，我们汲取了苏州的才气和江南的灵气，在拥有青年人的朝气与才气的同时，还独有着一腔硅湖人"责任、荣誉"的豪气！许多年后，我们中的很多人会迎着东南东 C 区林荫大道上挂着的"欢迎硅湖学院 2018 届毕业生回家"的横幅，走在金黄的落叶上，在美丽的校园怀念我们曾经的过往。

感谢学校的培养，感谢学校领导的关怀，感谢学校老师的教导，感谢父母的养育，感谢同学们的帮助，感谢筹备毕业典礼的每一位工作人员与志愿者，让我们的大学生活有这么温暖的句号！三载同窗风与雨，一朝别离何时聚。无论未来将奔向何方，我们始终会铭记：有一个家在姑苏城外、鹿城之上，它叫作硅湖！

同学们，今天我们以母校为荣，明天母校以我们为荣！就让我们在此刻为我们的母校硅湖职业技术学院献上最诚挚的祝福！祝母校蒸蒸日上，升本成功！

祝各位领导和老师们身体健康，工作顺利，万事如意！

谢谢大家！

阅读三

《硅湖职业技术学院"十三五"发展规划》（节选）

为主动适应经济新常态，满足社会新需求，实现学院新发展，根据《江苏省"十三五"教育发展规划》，我们结合学院实际，制定本规划，用以指导"十三五"时期学院的建设和发展，并作为学院编制相关专项

笔记区

规划的依据。

一、"十二五"时期的办学业绩和基本经验

（一）主要业绩

坚持质量立校，实现常态发展。"十二五"期间，高等教育发展的外部环境发生了显著变化，适龄人口急剧缩减，民办高校间的生源竞争日趋激烈，形成了巨大的生存和发展压力。学院坚持走质量立校之路，砥砺奋进，克难攻坚，创造性地开展工作，稳定学院运行，提升办学质量，以良好的办学信誉和较高的教育质量，赢得社会信赖和学生爱戴，获得"学在硅湖"的社会赞誉。五年中，在校生规模稳定在5 000人左右，较好地实现了常态运行。2015年学院以优异成绩通过高等职业院校人才培养工作评估，为进一步发展提高奠定了基础。五年间，学院累计为社会培养了近万名应用型人才，补充了经济建设一线的新生力量。一批家境困难且高中文化基础相对薄弱的学子获得了满意的就业岗位，一批优秀毕业生成长为经济建设一线的技术骨干和管理骨干。

增加要素投入，提升保障水平。学院不断增加人力、物力、财力等基础性要素投入，为提高质量提供保障。无论学院财务收支压力有多大，坚持改善条件办好学院的决心不会动摇。在国家提出支持和规范民办教育分类发展的要求后，董事会没有等待出台相关税费减免政策，而是筹措资金，完成现有校产过户，新增校产全部归学校法人所有，落实学校法人财产权。五年间，学院有计划地引进急需人才，着力培养青年教师，聘请一批行业企业技术能手和能工巧匠作为兼职教师，还选派教师到企业访问锻炼，初步形成了以双师素质教师为主体的师资队伍。

推进教学改革，打造品牌特色。学院根据区域经济发展需要，适时调整专业结构，不断增强学科专业和地方产业的契合度。坚持走校企合作、产教融合之路，与苏州、昆山60余家企业建立了稳定的合作关系，初步形成了专业建设、骨干互聘、设备共享、实训培养、信息服务、顶岗就业"六位一体"的校企合作运行机制，人才培养过程实现了理论教学和实践教学融通，课程标准与职业资格标准融通，专业教育与素质教育融通。推进课程和教学体系改革，开展以学生为主体、教师为指导、实践为主线的体验式教学改革，取得了较好的效果。在全省民办高校率先进行完全学分制改革，受到了普遍欢迎。针对高职学生的基本特点，实行了准军事化管理，形成了育人特色。"十二五"期间，学生在国家、省以及行业协会举办的各类技能大赛中先后获得了51个团体奖项和76项个人奖，毕业生初次就业率持续稳定在90%以上。《光明日报》《瞭望周刊》《中国教育报》《新华日报》等权威媒体多次宣传介绍学院的办学经验。

拓宽服务路径，融入地方发展。主动融入地方发展，通过多种形式为地方发展服务。坚持发展面向人人的职业教育，拓展就业服务、创业服务、科普服务等多种功能，推进学习型社会建设。与花桥经济开发区、昆山市人力资源保障局共同建立国家级服务外包培训基地，培养培训社会急需的服务外包人才。建立建筑技术、汽车维修、维修电工等高技能人才培训基地，开展社会培训鉴定工作。通过"政、企、校"三方联动，组织开展建筑业、制造业、电气自动化、信息技术、文化创意产业等昆山市支柱产业的人员培训。利用学院的智力资源，为企业发展排难解忧，使科技服务收入逐年提高。

（二）基本经验

必须坚持服务社会的宗旨。高等教育是社会大系统中的子系统，民办高校又是高等教育系统的新成员。只有在社会发展的大系统中，在高等学校群体的子系统中，找准自己的位置，主动适应社会需求，有效助推社会发展，学校才能有效生存，并越办越好。为社会发展服务，既是民办高校的生存价值所在，也是民办高校的安身立命之本。

必须坚持公益办学的方向。公益办学是自孔子以来中国民间办学的优良传统，是历代先贤立德于世、泽惠于民的崇高追求，是许多世界一流大学发展的成功经验。民办高校创建者的办学理念和抱负追求，对学校发展道路的选择具有决定性作用。坚持公益办学的方向，把道义担在肩上、把利益置于身外，才能奠定可持续发展经济基础，树立良好的社会形象，拓宽发展的广阔空间。

必须坚持产教结合的道路。学用结合、知行并进、手脑并用是中国教育在长期实践中积累的宝贵经验。以培养应用人才为主的高等职业教育必须突破班级授课制的固有模式，走产教融合、校企合作、工学交替之路。要牵手产业发展"走"，围着产业需求"转"，因应业态更新"改"，伴随产业升级"攀"。

必须坚持错位发展的策略。全省高等职业学院数量众多，总量逾80所。学院所在地苏州是全省科教发达地区，各类高等职业院校近20所。为避免院校间同质化竞争，必须坚持错位发展的策略选择，根据人才市场细分细化的特点，锁定特定的服务对象，逐步形成特定的办学定位和办学特

笔记区

二、"十三五"时期的发展理念和办学目标

（一）发展理念

以创新引领发展。 创新是引领发展的第一动力。以创新发展的理念推进体制机制创新，促进学院更好地运行和发展。推进人才培养模式创新，将培养学生创新创业能力作为人才培养的重点任务，推动教学水平、科研水平和服务社会能力全面提升，造就和输送大众创业、万众创新的生力军。

以协调保障持续。 协调是健康运行和可持续发展的基本要求。要进一步增进办学规模和办学条件协调，人才培养和社会需求协调，专业建设和产业升级协调，人员配置和工作任务协调，员工权利和员工义务协调，在协调发展中稳步提升学院实力和办学效益，保障学院可持续发展。

以绿色扮靓校园。 绿色是永续发展的必要条件。要以绿色发展理念指导新校区建设，打造靓丽校园，厚植人文环境。要建立健全节能环保的管理体系，传播节能环保理念，在师生中培育勤俭节约、保护环境的观念，养成绿色的生活方式和行为规范。

以开放促进崛起。 开放是多元交流、融合创新的重要路径。要以开放发展的理念指导对外合作交流，扬长避短、扬长克短、扬长补短，推动先进教育理念和教学方法在学院落地生根，率先落实一批国际社会通行的质量标准和教学规范。鼓励和支持教师参加国内外学术交流，选派优秀青年教师出国培训。创造条件举办或参与举办学术交流活动。

以共享助推跨越。 共享是凝聚力量、实现目标的普遍要求。要以共享理念指导学院发展，形成本校员工、产业部门、地方政府全方位协力助推学院跨越的强大力量。以共享的理念深化产教融合，促进校企合作，打造利益共同体、育人共同体和命运共同体。以共享的理念推进资源共建共享，积极开发优质教育资源，广泛使用优质教育资源，推进教学方式和学习方式方法变革。

（二）办学目标

"十二五"时期的校区调整对学院发展产生了一定影响，但也给学院发展带来了极好的机遇。根据产业结构调整对人才素质提出的新要求，董事会决定将校区置换的10余亿元补偿资金全部用于改善办学条件、提升办学水平，在保证学院平稳运行的基础上，瞄准新目标，实现新跨越。

总体目标： 全面贯彻国家关于扶持和规范民办教育发展的法规政策，主动适应经济发展新常态，以应用型本科教育标准推进学院各项建设，在办好专科教育的同时全力申办应用型本科教育，努力实现办学水平的横向跨越和垂直拉升。要立足昆山，服务苏州，辐射长三角，把学院建设成为社会声誉好、教育质量高、办学特色强、在苏州和长三角地区有影响力的民办高校。

校园校舍建设。精心设计，精心施工，建成布局合理、功能齐全、设施完善、环境优美的园林式校园，创设文化氛围与自然生态和谐统一的校园环境，生均校园占地面积、校舍面积、教学和生活用房面积全面达到本科院校标准。

教育装备建设。以新理念引领培养模式变革，以新硬件助力教育质量提升，高标准配置教育技术装备，生均教学仪器设备值、生均图书拥有量、基础实验室、专业实验实训场所及计算机网络系统全面达到本科院校标准，建设达到生产一线领先水平的工程训练中心和具有国际先进水平的开放式网络教学系统。

学科专业建设。凝聚专业方向，着力打造品牌，强化特色发展，重点面向昆山海峡两岸发展示范区建设和花桥国际商务城建设，首批建设4~6个社会需求量大、就业前景广阔的骨干专业和拟升本专业，教学团队、课程建设、教学设施、教学质量、科技研发等各项指标全面达到本科教育要求，以品牌特色专业建设引领整个专业群发展，以学科专业水平提升带动全校办学水平提升。

师资队伍建设。加大对高学历、高职称人才的引进力度和对青年教师的培养力度，建设数量充足、结构合理、素质优良、专兼职结合的教师队伍。专任教师总量、兼职教师比例、双师型教师比例、学历职称结构等指标全面达到本科院校标准。各门公共必修课程和专业基础必修课程，分别按国家规定标准配齐配足专任教师。培养造就一批"教练型"教学名师和专业带头人。

教育质量建设。推进教育教学改革，健全产教融合机制，加强国际交流合作，探索大类招生、专业分流、分层培养、分类教学的培养模式，培育军校式育人特色，创建省级精品课程，形成一批有实效和特色的教学成果，提高立德树人的学生满意度和社会满意度。健全科研管理和激励机制，学术论文、专利产出、科研项目、社会服务收入等科研成果数量与质量有较大提高，完成一批有一定影响力和显著社会效益的科研

笔记区

项目。

学院治理制度建设。坚持依法依规办学,完善董事会领导下的院长负责制,党委发挥政治核心作用。修订《董事会章程》《学院章程》,建设依法办学、自主管理、民主监督、社会参与的现代学校制度。模范执行国家关于非营利性民办高校资产管理、财务管理等法规政策,定期进行财务审计。完善院系两级管理体制,建立健全用人制度、薪酬制度、员工社会保障制度及各项工作管理制度,建立"决策有方、运行有序、监督有力"的治校机制,创建"法制硅湖、特色硅湖、效率硅湖"。

模块二

情在硅湖

感性导言

（背景音乐）

人的两个缘最重要：一是血缘，是亲情；二是学缘，不是亲情胜亲情！

硅湖校园，承载着我们的青葱岁月，绽放着我们的纯真笑颜，流动着我们的青春情愫。

大学时代，是一个人思想趋于成熟，人生观、世界观基本确立的阶段。所以大学学习生活中产生、形成的情感——同学情，是经过深刻交流、情感交融得来的情义，往往伴随终生，永难相忘，是人一生中最为宝贵的财富！

同学情是春天的雨，诗情画意细腻润滑；

同学情是夏天的风，盎然激情火热爽朗；

同学情是秋天的云，蓝天白云硕果飘香；

同学情是冬天的雪，晶莹剔透洁白无瑕。

名人名言

人生离不开友谊，但要得到真正的友谊才是不容易；友谊总需要忠诚去播种，用热情去灌溉，用原则去培养，用谅解去护理。

——马克思

友谊是一种温静与沉着的爱，为理智所引导，习惯所结成，从长久的认识与共同的契合而产生，没有嫉妒，也没有恐惧。

——荷　麦

感人案例

案例一

请假条的故事
——记硅湖职业技术学院2018届毕业生

我多想再见你，哪怕匆匆一眼就别离

时光机

青春几年，你在何处？我在硅湖！

时光荏苒，匆匆而逝，这三年，我们在这里相遇、相识、相知、相携。

母校总是让我们一边吐槽、一边热爱，一边抱怨、一边迷恋。

如果有台时光机，你愿意跟我回到2015年那个夏天吗？

那年夏天

三年前，硅湖和东南东大门合二为一，走进这个门，我们成了硅湖

笔记区

大家庭的一员。

三年前,我们还是懵懂的"小萌新"。

迎新篇

人潮拥挤,迎新老师满头大汗,但是很耐心、很温和;志愿者学长和学姐也很友善、很贴心。

跟硅湖第一次对上了眼儿,确认这就是我们的大学。

军训篇

还没有来得及好奇的东逛西逛,军训就接踵而至,这么多年最想吐槽的就是,为什么硅湖的九月这么热!

三年生活篇

那年迎新晚会上的精彩节目,都还记得吗?

那年唱歌跳舞的我们,都长大了啊!

那年的一二·九诗歌大合唱,参加了吗?
被感动的心情还会重温吗?

那年的拔河比赛,我们齐心协力,共创佳绩。其实成绩不是那么重要,重要的是一起流汗的过程。

那年的卫生大检查,我们收拾得窗明几净。

三年学习篇
第一次去企业实习,一切都很新奇,充满着对未来的憧憬和对未知

笔记区

的探索。

实训结业时，企业代表诚恳的夸奖，是对自己辛勤付出的最好奖励。

每一场考试，都是一次总结和反省的机会。

毕业了

今天，我们毕业了……

现在的我们，风华正茂，挥斥方遒。现在的我们彼此熟悉，彼此相知。在硅湖，我们成长成了现在的模样。

临别赠言

三年！谢谢陪伴！

愿珍重！不问归期！不说再见！

请假条

硅湖学院：

2015 级学生因毕业原因，想请假离校，时间为永远，请予批准！

2015 级全体同学

2018 年 6 月 9 日

有感而发

的确，大学是我们成长成才的精神家园，是我们筑梦、追梦、圆梦的地方。

时光荏苒，2015 级全体同学——一群充满活力的年轻人，在美丽的硅湖校园里演绎了一个个团结奋进、朝气蓬勃、温暖和谐、富有激情的青春故事，留给母校一份永远属于 2015 级的美好回忆。

毕业时分，总是有一些话语让人感动：

"拍毕业照只要三秒，但是定格的却是我们三年岁月的美好！"

"珍惜在最美餐厅东南东吃的最后一顿学生餐吧，因为放下餐盘也许就是一辈子！"

"我多想再见你，哪怕匆匆一眼就离别……"

扪心自问

（1）我对小学、中学母校有哪些美好的回忆？

（2）我原来母校最要好的同学现在在哪里，我想念他（她）吗？

名人名言

只有在集体中，个人才能获得全面发展其才能的手段，也就是说，只有在集体中才可能有个人自由。

——马克思

一切使人团结的是善与美，一切使人分裂的是恶与丑。

——列夫·托尔斯泰

案例二

学生公寓 2343 室的故事

四海之内皆兄弟，五湖情缘汇于此。不同地域的不同文化在小小的 2343 宿舍中擦出亮丽的火花，并弯出一条美丽的弧线，快乐和温馨充满了整个宿舍并演绎出多姿多彩的生活。

笔记区

笔记区

　　宿舍八人，来自不同的城市，有着不同的生活方式、不同的信念，却走上了这条相同的路，来到了同一个学校、班级、教室。他们张扬，拥有各自的梦想，真应了那句"君子合而不同"。一同去课堂，一道去吃饭，夜深人静依旧不疲于那些话题，评论一下时事，讲述一点自己的小收获。在最渴望经历，最需要友情，最热情洋溢的年代，几个素不相识的年轻人为了共同的理想走到了一起。在狭窄的小屋里，在简陋的铁床上，在缘分的天空下，八个热情奔放的男生，分享了一生最美妙、最难忘的青春岁月。

　　八个男生在宿舍里铺起了"地毯"，进门请脱鞋，八张桌子下摆放了自制"创意纸篓"，四张上下床下的鞋后跟统一朝外，八个洗漱杯方向一致……这就是新的家庭。家庭里面难免磕磕碰碰，曾有几次，为了那几个小小的问题，便闹得不可开交。现在大家回想起来，都说那真像是只有亲密的家人间才会有的一种"热闹"。从前，无论是哭也好，笑也罢，现在，一切都过去了，我们又何必去计较太多呢？上帝赐与我们慧眼，我们却用它来比较事情的优劣。于是，我们计较、叹息、埋怨，快乐便离我们越来越远。其实，有很多事情，不是用界限就能划得清的。俗话说得好：梅须逊雪三分白，雪却输梅一段香。梅与雪，我们还需要计较吗？那份只属于2343的快乐，除了这八人，又有谁会明白？

　　这一切的一切，不就是对"青春"的最好诠释？不就是对"家人"的最好理解？

 有感而发

　　宿舍是一个集体生活的环境，也更像一个家。

　　家应该是温馨的港湾，是心灵的避风港，是每一个家庭成员都会眷恋的地方，在那里我们可以充满欢乐，可以互说心事。大学里，"家"的代表就是宿舍，宿舍是充分展现个性的绝佳场所，更是我们的栖息之所，是我们的幸福小屋。然而，幸福不是无根之树、无叶之草，幸福之花需要汗水的滋养浇灌。

　　如果宿舍脏乱差，书桌上杯盘狼藉，床上被子不叠、衣服乱放，那住着的人也一定不会心情舒畅。所以，每个宿舍成员，都有责任给这个"家"关怀，为这个"家"付出，保持"家"的卫生整洁、物品整齐、装饰优美，让宿舍像个"家"，并最终爱上自己的"家"。

▶ **扪心自问**

　　（1）我的宿舍像一个温馨的"家"吗？
　　（2）我为这个"家"主动付出了吗？

名人名言

　　把每一件简单的事情做好就是不简单，把每一件平凡的事情做好就是不平凡。

——张瑞敏

知责任，明责任，负责任。

——陶行知

案例三

2008，我们的青葱岁月

——记汽车专业2008届毕业生十周年相聚

春风桃李一杯酒，江湖夜雨十年灯。同窗友，非等闲，肝胆相照话无边，心事总相连。横多年，竖多年，各奔东西难相见，唯有情连绵。

毕业时，我们挥挥手，泪中带笑。再相聚，我们抱抱肩，笑中带泪。哭过，也笑过。离开过，又相聚过。10年，我们虽天各一方，但月共一轮。10年的风雨，10年的打拼，10年的共进，时空距离让我们更加珍惜友谊，更加彼此思念。

在硅湖的三年大学生活中，我们内心单纯、情感丰富，有亲情的感觉，有爱情的萌动，更有友情的阳光，平平淡淡而真真切切。三年的同窗苦读和朝夕相处，让我们结下了不是兄弟姐妹却胜似兄弟姐妹的血肉亲情。

难忘那单调乏味的饭菜，那昏昏欲睡的课堂；难忘那虽苦犹甜的思念，那悄然滋生而又欲说还休的爱慕……在校园的林荫小道上，曾留下我们漫步的脚印；在那美丽的月色下，或许曾留下你俩的窃窃私语，留下你一辈子难以忘怀的一段情。三年的欢笑和泪水，三年的奋争与苦闷，三年的书生意气跟人生感伤，连同那段充满纯真与自信的青春岁月，都深深地铭刻在我们的内心深处。

十年聚散两茫茫，不思量，自难忘。走上社会，方才意识到校园生活的美好；经历洗礼，才知道唯有同学友情之可贵。10年间，我们喝过无数次酒，走过不同地方的桥，看过各个地方的云，还是觉得同学最亲。10年里，和无数的人喝酒至微醺，愈来愈感觉生活就像啤酒的泡沫，有时世界如此柔软动人，在清醒时又觉得世界平淡无奇。同学，就是能与你分享、分担，能与你大醉一场的人。

同学聚会不需要理由，10年，只有这个数字就足够了。星散各地的同学赶到母校，所有的话语都在相逢一笑的握手中，在举杯一碰的愉悦中。

在东南东拍张合影吧！10年聚会，是句号，更是一种新的开始。

10年后，我们再相聚！

 有感而发

同学，是一种别样的情，有说不完的话、叙不完的旧、道不完的喜悦和诉不完的忧愁。

就算毕业多年，有人走上仕途，有人非常富有，有人甘于平淡，而一旦相聚，都可以"口无遮拦"，生活中的开心、不如意都可以和老同

笔记区

学一起分享；当年的囧事、多年的惦念、合作的机会，都可以毫无顾虑，一吐为快。因为，我们心中永远有一幅共同的画面，欢笑与泪水、兴奋与沮丧，拂不去、觅不来、永不变。

▶ **扪心自问**

（1）我喜欢我现在的班级吗？
（2）我在班级（或者宿舍）里有知心朋友吗？

名人名言

一个班集体，一旦用"尊人者，人尊之"的思想统帅起来，一旦成员们都在言行中尽可能多地用尊重别人的方式获得别人对自己的尊重，这个集体就会产生极大的凝聚力，每个生活在集体中的人都会感到幸福、自豪，从而发挥出巨大的潜力，取得意想不到的好成绩。

——魏书生

在友谊里，不用言语。一切的思想、一切的愿望、一切的希冀，都在无声的欢乐中发生而共享了。

——纪伯伦

感动体验：我想有个家

【活动目的】
（1）通过体验，让新生感受到同学情的美好和珍贵。
（2）通过活动，初步建立起良好的宿舍文化和室友关系，为今后创建优秀宿舍奠定基础。
（3）帮助新生融入硅湖，树立健康向上的团队意识。

【活动准备】
（1）多媒体教室一间。
（2）每个学生一个胸卡，按宿舍围圈而坐。
（3）白色 A4 纸若干（平均每个宿舍一张）。
（4）助教（或学长）两人。

【活动导言】
1993 年夏天，清华大学 1988 级无线电专业毕业生钟卫东，给他当年同寝室住下铺的同学高晓松打了个电话。聊了五分钟，高晓松突然把电话一挂，说自己应该写一首歌，歌名就叫"睡在我上铺的兄弟"，一个小时之后高晓松就把歌曲写了出来，并找来好友老狼演唱这首有故事的歌。从此，这首歌风靡校园，唱响全国，带给我们太多的青春回忆。

【活动过程】
（1）导师请全体同学保持安静。
（2）听歌：

睡在我上铺的兄弟

演唱：老狼

作词：高晓松　作曲：高晓松

睡在我上铺的兄弟
无声无息的你
你曾经问我的那些问题
如今再没人问起
分给我烟抽的兄弟
分给我快乐的往昔
你总是猜不对我手里的硬币
摇摇头说这太神秘
你来的信写得越来越客气
关于爱情你只字不提
你说你现在有很多的朋友
却再也不为那些事忧愁
睡在我上铺的兄弟
睡在我寂寞的回忆
那些日子里你总说起的女孩
是否送了你她的发带
你说每当你回头看夕阳红
每当你又听到晚钟
从前的点点滴滴会涌起
在你来不及难过的心里
你来的信写得越来越客气
关于爱情你只字不提
你说你现在有很多的朋友
却再也不为那些事忧愁
你问我几时能一起回去
看看我们的宿舍我们的过去
你刻在墙上的字依然清晰
从那时候起就没有人能擦去
睡在我上铺的兄弟
睡在我寂寞的回忆
你曾经问我的那些问题
如今再没人问起
分给我烟抽的兄弟
分给我快乐的往昔
你曾经问我的那些问题

笔记区

笔记区

       如今再没人问起
       如今再没人问起
       如今再没人问起

(3) 歌声结束,导师随机请一位同学上台分享听歌的感受。(分享完毕后大家掌声鼓励。)

(4) 按宿舍,起家名、定家呼、立家规、排家序,并填写下表:

家名、家呼、家规

我们的家(宿舍号　　　)		
家名		
家呼		
家规	1	
	2	
	3	
	4	
	5	
	6	
	7	
	8	

家序(按照年龄排序)

序号	家庭排序	姓名	生日	手机号	QQ号	微信号	家乡	家庭职务	备注
1	智慧大宝								
2	开心二宝								
3	吉祥三宝								
4	快乐四宝								
5	机灵五宝								
6	自信六宝								
7	幸运七宝								
8	可爱小宝								

(5) 推选出家里的柱子、学习委员、生活委员、文体委员和纪律委员。

(6) 邀请各位柱子和委员分别到舞台中央进行宣誓。

柱子宣誓

我宣誓：

我是我们家的柱子，在今后三年的学习和生活中，我将为我的家和家人尽百分百的力量，家荣我荣，勇担责任！

宣誓人：（自报姓名）

学习委员（生活委员、文体委员、纪律委员）宣誓

我宣誓：

我是我们家的学习委员（生活委员、文体委员、纪律委员），在今后三年的学习生活中，我将为我家人尽百分百的努力！

宣誓人：（自报姓名）

感悟分享

（背景音乐）

1. 导语

刚才我们一起为我们的宿舍起家名、定家呼、立家规、排家序，推选柱子和各位委员并且举行了宣誓。在这个过程中，你是一个积极的参与者，还是一个随意的旁观者？

其实，人的一生中，我们常常需要改变。如果现实不能改变，那么只能改变自己。我相信，让宿舍成为我们共同拥有的温馨小家，是我们最好的选择！对此，你一定有属于你的感悟！

下面，我们一起分享一个主题："我的宿舍我的家"。

2. 小组分享

以小组为单位进行感悟分享。

3. 大组分享

由各小组推荐或自荐一名同学上台进行感悟分享。

亲历感言（学生填写）

(1) _____
(2) _____
(3) _____

活动点评（老师填写）

(1) _____
(2) _____
(3) _____

感恩结语

在生命的长河中，总有一些经历让我们终生难忘；总有一份感情让

笔记区

笔记区

我们刻骨铭心！

  刚才大家的精彩分享，让老师非常感动！我们刚才一起建立了宿舍文化，柱子和各位委员还进行了宣誓。如果你把它当作游戏，那你的一生都可以去游戏；如果你把它当作郑重的承诺，一直把誓言放在心里、将责任扛在肩上，那你一生都会是值得信任、勇于担当的强者，都会拥有无悔的青春和成功的人生，都会拥有真正的朋友、温馨的家！

  感谢同学们的分享！你们让我感受到了家人般的温暖！谢谢大家！

名人名言

  谁要在世界上遇到过一次友爱的人，体会过肝胆相照的境界，就是尝到了天上人间的欢乐。

——罗曼·罗兰

  友谊不但能使人生走出暴风骤雨的感情而走向阳光明媚的晴空，而且能使人摆脱黑暗混乱的胡思乱想而走入光明与理性的思考。

——弗兰西斯·培根

感奋践行

（1）写一文：《硅湖，我的宿舍我的"家"》。

（2）做一事："家"文化竞赛，导师和辅导员作为评委，下次课公布评比结果并讲评。

名人名言

  一个人追求的目标越高，他的才力就发展得越快，对社会就越有益。

——高尔基

  世上没有一帆风顺的事！一个人只有始终忠实于自己，才能取得巨大的成就。

——尼　采

拓展阅读

阅读一

习近平在北京大学师生座谈会上的讲话（节选）

各位同学，各位老师，同志们：

  今天，有机会同大家一起座谈，感到非常高兴。再过两天，就是五四青年节，也是北大建校120周年校庆日。首先，我代表党中央，向北大全体师生员工和海内外校友，向全国各族青年，向全国青年工作者，致以节日的问候！

近年来，北大继承光荣传统，坚持社会主义办学方向，立德树人成果丰硕，双一流建设成效显著，服务经济社会发展成绩突出，学校发展思路清晰，办学实力和影响力显著增强，令人欣慰。

五四运动源于北大，爱国、进步、民主、科学的五四精神始终激励着北大师生同人民一起开拓、同祖国一起奋进。青春理想、青春活力、青春奋斗，是中国精神和中国力量的生命力所在。今天，在实现中华民族伟大复兴新征程上，北大师生应该继续发扬五四精神，为民族、为国家、为人民做出新的更大的贡献。

从五四运动到中国特色社会主义进入新时代，中华民族迎来了从站起来、富起来到强起来的伟大飞跃。这在中华民族发展史上、在人类社会发展史上都是划时代的。

我在党的十九大报告中提出了我国发展的战略安排，这就是：到2020年全面建成小康社会，到2035年基本实现社会主义现代化，到21世纪中叶把我国建成富强民主文明和谐美丽的社会主义现代化强国。广大青年生逢其时，也重任在肩。我说过，中华民族伟大复兴，绝不是轻轻松松、敲锣打鼓就能实现的，我们必须准备付出更为艰巨、更为艰苦的努力。广大青年要成为实现中华民族伟大复兴的生力军，肩负起国家和民族的希望。

每一代青年都有自己的际遇和机缘。我记得，1981年北大学子在燕园一起喊出"团结起来，振兴中华"的响亮口号，今天我们仍然要叫响这个口号，万众一心为实现中国梦而奋斗。广大青年既是追梦者，也是圆梦人。追梦需要激情和理想，圆梦需要奋斗和奉献。广大青年应该在奋斗中释放青春激情、追逐青春理想，以青春之我、奋斗之我，为民族复兴铺路架桥，为祖国建设添砖加瓦。

……

同学们、老师们！

当代青年是同新时代共同前进的一代。我们面临的新时代，既是近代以来中华民族发展的最好时代，也是实现中华民族伟大复兴的最关键时代。广大青年既拥有广阔发展空间，也承载着伟大时代使命。青年是国家的希望、民族的未来。我衷心希望每一个青年都成为社会主义建设者和接班人，不辱时代使命，不负人民期望。对广大青年来说，这是最大的人生际遇，也是最大的人生考验。

2014年我来北大同师生代表座谈时对广大青年提出了具有执着的信念、优良的品德、丰富的知识、过硬的本领这四点要求。借此机会，我再给广大青年提几点希望。

一是要爱国，忠于祖国，忠于人民。爱国，是人世间最深层、最持久的情感，是一个人立德之源、立功之本。孙中山先生说，做人最大的事情，"就是要知道怎么样爱国"。我们常讲，做人要有气节、要有人格。气节也好，人格也好，爱国是第一位的。我们是中华儿女，要了解中华民族历史,秉承中华文化基因,有民族自豪感和文化自信心;要时时想到国家,处处想到人民,做到"利于国者爱之,害于国者恶之"。爱国,不能停留在口号上,而是要把自己的理想同祖国的前途、把自己的人生同民族的命运紧密联系在一起,扎根人民,奉献国家。

二是要励志,立鸿鹄志,做奋斗者。苏轼说:"古之立大事者,不惟有超世之才,亦必有坚忍不拔之志。"王守仁说:"志不立,天下无可成之事。"可见,立志对一个人的一生具有多么重要的意义。广大青年要培养奋斗精神,做到理想坚定、信念执着、不怕困难、勇于开拓、顽强拼搏、永不气馁。幸福都是奋斗出来的,奋斗本身就是一种幸福。1939年5月,毛泽东同志在延安庆贺模范青年大会上说:"中国的青年运动有很好的革命传统,这个传统就是'永久奋斗'。我们共产党是继承这个传统的,现在传下来了,以后更要继续传下去。"为实现中华民族伟大复兴的中国梦而奋斗,是我们人生难得的际遇。每个青年都应该珍惜这个伟大时代,做新时代的奋斗者。

三是要求真,求真学问,练真本领。"玉不琢,不成器;人不学,不知道。"知识是每个人成才的基石,在学习阶段一定要把基石打深、打牢。学习就必须求真学问,求真理、悟道理、明事理,不能满足于碎片化的信息、快餐化的知识。要通过学习知识,掌握事物发展规律,通晓天下道理,丰富学识,增长见识。人的潜力是无限的,只有在不断学习、不断实践中才能充分发掘出来。建设社会主义现代化强国,发展是第一要务,创新是第一动力,人才是第一资源。希望广大青年珍惜大好学习时光,求真学问,练真本领,更好地为国争光、为民造福。

四是要力行,知行合一,做实干家。"纸上得来终觉浅,绝知此事要躬行。"学到的东西,不能停留在书本上,不能只装在脑袋里,而应该落实到行动上,做到知行合一、以知促行、以行求知,正所谓"知者行之始,行者知之成"。每一项事业,不论大小,都是靠脚踏实地、一点一滴干出来的。"道虽迩,不行不至;事虽小,不为不成。"这是永恒的道理。做人做事,最怕的就是只说不做,眼高手低。不论学习还是工作,都要面向实际、深入实践,实践出真知;都要严谨务实,一分耕耘一分收获,苦干实干。广大青年要努力成为有理想、有学问、有才干的实干家,在新时代干出一番事业。我在长期工作中最深切的体会就是:社会主义是干出来的。

同学们、老师们!

辛弃疾在一首词中写道:"乘风好去,长空万里,直下看山河。"我说过:"中国梦是历史的、现实的,也是未来的;是我们这一代的,更是青年一代的。中华民族伟大复兴的中国梦终将在一代代青年的接力奋斗中变为现实。"新时代青年要乘新时代春风,在祖国的万里长空放飞青春梦想,以社会主义建设者和接班人的使命担当,为全面建成小康社会、全面建设社会主义现代化强国而努力奋斗,让中华民族伟大复兴在我们的奋斗中梦想成真！

阅读二

工科"女学霸"的别样人生

——自动化学院617宿舍六朵姐妹花的故事

在山东科技大学自动化学院，有一个普通的女生宿舍——617宿舍，舍友六人，在2018毕业季来临之际，陈璐寒被推免至湖南大学，徐莹、韩雨真考取北京交通大学，杨文钰考取西南交通大学，尹安琪获香港科技大学、理工大学和城市大学的录取通知书，岳贤林获得国家电网天津电力公司的工作机会。四年里，她们共获得20次校一等奖学金，以第一作者发表论文七篇，申请实用新型专利两项，在国家级、省级赛事中共获奖20余项，一人被评为山东省优秀毕业生，两人被评为校优秀毕业生。617宿舍六位工科"女学霸"扎堆傲视群雄，一时成了被津津乐道的"别人的宿舍"。

近来，海内外首部记录青年工程师成长的纪录片在腾讯视频开播，我校学生因参加大学生机器人大赛，在全球200多所高校中获得亚军，成为青年工程师纪录片第一集的主角，而617宿舍的陈璐寒就是战队中为数不多的女工程师。大赛过后，陈璐寒回忆起这段经历，感慨万千："临近比赛的那段期间，有一次电路板接连出现故障，但团队里熟悉这方面工作的只有我一个人，那时候深感责任重大，而且考试周也即将来临，经常是带着熊猫眼熬夜，早上又早起复习，但还是坚持着拼下去，不想因为自己是女生而被小看。""为了不被小看"——这也许是最简单、最原始的动力。可为了不被小看，就不得不付出超出常人的艰辛。当然，成功的背后，离不开舍友的支持，每晚宿舍的留门，早上热腾腾的早饭，疲惫时的一个大大的拥抱，这一点一滴无疑都给了陈璐寒前进的力量。决赛那天，全宿舍的人守在直播屏幕前，只为第一时间分享成功的喜悦。舍友们笑着说："璐璐是我们宿舍的榜样，也让我们感受到了科技创新的魅力。"

这年春天，是617喜讯不断的春天。进入三四月来，捷报不断：杨文钰考取西南交通大学电气工程专业型硕士，综合成绩第一！徐莹以初试第一名的优异成绩考取北京交通大学电气工程学术型硕士；而韩雨真考取了北京交通大学电气工程专业型硕士，尹安琪也顺利收到了心仪港校的录取通知书。

"那段时光，是付出了很多努力，日后说起来时，连自己都能被感动。"姑娘们的笑眼中闪烁着泪光。2017年9月伊始，她们迎来了大学的最后一个学年，与很多人轻松享受暑假生活不同，她们利用假期刻苦复习，一刻也不敢放松。各高校的招生计划接踵而至，而招生人数大大缩减，这给了她们巨大的心理压力。再加上招聘季的来临，各高薪企业不断向本专业优秀学生抛出橄榄枝，身边已有很多同学放弃考研，选择

笔记区

笔记区

就业，这让姑娘们一度迷茫，对自己曾坚定的选择产生了动摇。最终，她们相约宿舍，促膝长谈，是互相的鼓励给予了她们信心与力量。其实，生活就像海洋，只有意志坚强的人，才能到达彼岸。不必太纠结于当下，也不必太忧虑未来，当你经历过一些事情的时候，眼前的风景已经不一样了。正是考研的过程磨砺了她们的耐心与恒心。

宝剑锋从磨砺出，梅花香自苦寒来。收获的背后离不开努力与奋进，更离不开信仰的支撑。跟随着她们的脚步，我们来到了617宿舍。坐在中间的是尹安琪，她是班里的团支部书记，也是一名优秀的共产党员，她正在带领大家讨论刚刚看过的纪录片《厉害了，我的国》。杨文钰回忆说："安琪组织了很多有意义的活动，比如她带我们参加学院组织的以'弘扬红船精神'为主题的荧光夜跑活动，这个活动不仅形式新颖，还宣传了中华民族自强不息的民族品格。"记者从学院团委获悉，陈璐寒也参加了院、校党课培训并顺利结业，成为一名党员。学院团委老师对她们的评价是："她们有着较高的思想觉悟，积极参加党组织的各项活动，并且严格要求自己，还能带动身边的人一起进步，着实值得称赞。"

四年的大学生活转瞬即逝，六名志趣相投的女生聚在一起，缘分让她们收获了丰厚的回报，她们的成绩不再是孤军奋斗的艰辛，而是携手共进的快乐。在她们点点滴滴的相处中，流露出的是一种乐观向上、敢于拼搏、乐于奉献的精神，也正是在这种精神的鼓舞下，六位小女生变身"女学霸"，抒写了别样的人生华章，唱响了最美的青春之歌。

阅读三

寻找"南开好室友"讲出身边感人故事

之前，"复旦投毒案"等一系列校园悲剧令人惋惜，更发人深省。为何在理应和谐温馨的校园里，那些理应拥有的"兄弟之情""姐妹之情"竟脆弱得不堪一击？一段时间来，这一事件引起了南开学子的广泛关注与讨论。为了传递给社会更多的正能量，近日，南开学子发出给"室友"多一点包容、多一份赞美的倡议，并面向全校师生发出《致青春的一封信》，邀请大家一起寻找身边的"南开好室友"，号召大家说出他们的名字，讲出那些感人的故事！

寻找身边"好室友"的活动刚一推出，便得到了广大学子的积极响应，一批勇于承担责任、热心帮助同学、为身边人带来正能量的学生楷模不断涌现出来。比如一位叫王倩雯的同学曾于期末复习期间的一个深夜送室友去医院输液、取药；天津学生刘平华曾把宿舍同学邀请到家中共度元旦；还有宿舍"开心果""黏合剂"……其中最为特殊的，当属一位室友"兵哥哥"。

唐航是信息学院2012级研究生，他是一名国防生，本科毕业后在部队服役两年才来到南开读研。晨练、内务、整理军容风纪……统统被他带到了儒西公寓3号楼601宿舍。

在儒西研究生公寓里，每天清晨六点，当所有人都还沉睡在梦乡的时候，他就已经起床独自去迎水道校区操场出早操，唐航说，"虽然在学校，但也不能忘记自己的身份。"在他的带动下形成一个"晨练小组"，不仅有他同宿舍的同学，隔壁寝室同学也参与其中。唐航跑七圈的时间，其他队员刚好跑四圈，然后大家一起回宿舍。

唐航的室友曹正权介绍说，"每天早上等他出完操回来后，就会开始打扫整个宿舍的内务卫生，还会帮着其他人整理内务。通常都是他一个人统统包办。"提到宿舍卫生，唐航乐了，他说，"男生宿舍，免不了邋遢一些，但我觉得，宿舍是大家共同的家，应该温馨舒适才对。"大家笑称他为"勤务兵"，他却丝毫不计较，甚至不仅负责公共区域的打扫，室友的床铺、衣服、书桌，他都负责收拾，有了这样的"好室友"，卫生标兵宿舍的流动红旗就再也没"流动"过！隔壁寝室的同学表达了强烈的"羡慕嫉妒恨"："兵哥哥，住我们屋来吧！"

唐航每天还有一个任务，就是把全寝室同学的暖瓶都打满水。吴垠说，"每次从实验室回到宿舍，看到满满的水瓶，心中的温暖也是满满的！真的觉得宿舍就像家一样温暖，而唐航，就是我们可爱的兵哥哥！"而唐航自己却说，"这没什么，我还练肱二头肌呢！"说着他还笑着摆了个"POSE"。

"既有阳刚之气，又随和果敢。"他的室友袁宝鹏这样评价他。

关于宿舍关系问题，南开大学心理健康指导中心教授袁辛老师说，学生进入大学以后大部分是住在学校提供的集体宿舍里，这就为学生提供了一个社会交往的机会。因为性格、生活方式、观点冲突等因素，可能会造成人与人的冲突。但学生要学会"融入群体"，能够与不同的人沟通，彼此包容，这对于他们以后走上社会是非常重要的。

"融入群体"，从宿舍开始！

笔记区

模块三

学在硅湖

感性导言

（背景音乐）

亲爱的同学们：进入大学后，你们的角色发生了改变，从一个中学生变成了大学生。

那么，我要问问在座的同学：你觉得大学生到底意味着什么？或者换句话说：大学生与中学生有哪些不同？事实上，不少同学会感到迷茫，不能作出明确、准确的定位，所以还是按照中学生的惯性学习、生活，等到有一天幡然醒悟，已经为时过晚。

古希腊大思想家苏格拉底说："人，要认识你自己。"

德国大哲学家尼采说："成为你自己。"

只有认识你自己，才能明确努力方向，最终成为你自己，实现初心！

而要认识你自己，必须通过学习！只有通过学习，才能开启智慧之门，探索人生奥秘，才能掌握成功钥匙，才有能力做自己人生的主人。

作为大学生，不能局限于书本的学习，更要注重能力的提升和思想的成熟。

学在硅湖，学在课堂，学在实践，学在社会！

名人名言

吾尝终日而思矣，不如须臾之所学也。

——荀子

知识是珍贵宝石的结晶，文化是宝石放出来的光泽。

——泰戈尔

感人案例

案例一

我提前毕业啦

2010年6月，又有一批毕业生走出硅湖校门，走向社会。

在这一批毕业生中，有16名学生颇为特殊。他们是硅湖历史上首批提前毕业的佼佼者！他们用了两年时间完成了三年的学业，当年的《扬子晚报》《昆山日报》都为此作了专题报道，着实让他们在校园中火了一把！鲍容容就是其中之一。

鲍容容是江苏淮安人，1990年出生，2008年被录取在机电工程系"应用电子技术专业"学习。刚入学不久，学校组织"新生入学教育"，她才知道硅湖被江苏省批准为首批实行学分制的20所高校之一。其他19所都是省内位列前茅的本科大学，其中只有一所专科院校，而且是一所

笔记区

民办大专院校，它就是硅湖职业技术学院！

这都是创办人梁顺才博士和史宝凤博士主动力争的结果。他们认为，学分制是发达国家高校早就普遍采用的、有效的教学管理和评价模式。在硅湖建校之初，他们就决心一定要在硅湖实行真正意义上的完全学分制！史宝凤董事长多次强调："一个大学生连自主选课都不让，又谈何培养应用型、创业型人才？"

所以，硅湖一开办就推行完全学分制，首届毕业生是其受益者。在2008年"十年校庆"上，来了不少事业有成的硅湖第一届毕业生，他们都异口同声地赞誉完全学分制为他们"创造了最好的学习环境"。然而，这个先进的举措，实施却十分艰难，主要是观念难改，政策不配套，以致后来没能坚持。

2005年以后，教育部开始大力倡导学分制。但许多高校实行的大都是学年学分制。

在董事会的积极争取下，硅湖成为江苏省首批推行学分制的20所高校之一，并从2008年重启学分制改革，定名为"高职特色学分制"，以区别于其他高校的学年学分制。学校打破传统的系部设置和专业壁垒，设立教学、行政和学生三大服务中心，以专业组和年级部为基本教学和学工单位，直接面向学生组织教学和管理。

学校要求，各专业要在高职培养目标的指导下，根据企业需求和产业升级需要，全面整合校内外和专业内外的课程及教学资源，在保证完成主修专业核心课程的前提下，跨类、跨系、跨专业设计富于实践性和先进性的弹性化的人才培养方案，为学生提供多样化的课程体系和学分结构，并据此制订新的课程标准，以立项方式推进新教材的编写。在校企合作中，其专业必修课及其学分可与合作企业共同商定。依托校园网，建立符合高职特色学分制要求的综合教务信息化管理系统。同时实行教学督导制、学生导师制、课程超市、教师学分津贴、产学学分替换、全员评课、优差课K系数、辅修证书、素质学分等具有创新性和先进性的举措，受到上级主管部门、兄弟院校、主流媒体、生源学校、学生和家长的肯定和欢迎。特别是这16位学生的提前毕业，对激励学生主动学习、营造良好学风乃至吸引优秀学生报考硅湖，都起到了很好的促进作用，被看作硅湖成功办学的亮点。

鲍容容就是其中的受益者和幸运儿。入学教育后，她认真自学了

《硅湖学生服务手册》，从中详细了解到了学分制的学习要求、选课程序、提前毕业条件以及申请流程。在辅导员老师的鼓励下，她下定决心，一定要提前毕业！确立目标后，她将全部精力都用在学习上，将自己的个人课表安排得满满的，对本专业的教学计划研究得一清二楚，确保自己不会漏选、漏学任何一门必修课程。经过自己的刻苦努力，她终于在两年内修满了教学计划规定的全部学分，并且提前完成了专业实习和毕业设计，继而通过了毕业答辩，顺利取得了毕业文凭。

在专为提前毕业学生举行的毕业典礼上，她作为毕业生代表发言，她说："我终于实现了提前毕业的愿望，真是太开心了！这主要是学校学分制给我提供了机会，我也一直坚持自己制订的学习计划不放松，现在想想所有辛苦都是值得的！"她母亲也特地从家乡赶来参加典礼，只见母亲激动地说："感谢硅湖，感谢学分制，让孩子能够提前毕业，早一年工作，大大减轻了家里的负担！"。

10年过去了。如今，鲍容容在苏州园区一家通信电子工程公司上班，年薪10万元，而且已经做了妈妈！她回忆道："当年应聘，用人单位对我能提前毕业很好奇，我就讲了母校的学分制以及自己的努力，公司对我刮目相看，当场同意录用我，并给我安排了一个很好的岗位，我真是太幸运了！"

 有感而发

当我们已实现上大学这个阶段性目标后，我们还要明确自己在大学期间的学习目标。

学习，不是别人的需要，也不是父母、老师、社会的要求，而是自己今后发展的需要。

未来是知识能力的竞争。一个人掌握知识的多少，在很大程度上决定了他未来的工作能力和生活能力，决定了他今后作为的大小。

扪心自问

（1）我也想提前毕业吗？
（2）我的三年学业规划是什么？

名人名言

哪一个大学生学习愈好，他就愈应受人尊敬，至于他是什么人的儿子，那是不必过问的。

——罗蒙诺索夫

世间没有一种具有真正价值的东西，可以不经过艰苦辛勤劳动而能够得到的。

——爱迪生

笔记区

> 案例二

长江汽车，让我成长！

亮　亮

今天是12月2日，从硅湖来杭州长江汽车有限公司参加"认知实习、现场教学"已经过去12天了。在别人眼里，12天非常短，可对于我来说却可以影响我的一生！在这12天内发生了许多事情，这些事情对我的触动很大，也因此促成了我的转变。

我是今年九月入学的新生，平时是个眼高手低又很懒散的人，在学校天天按部就班上课，感觉没劲。一个月前，听说长江汽车公司有实习机会，觉得很新奇，便立即报了名。经过面试，我接到了去长江汽车实习的通知，我马上打电话告诉妈妈，将实习的好处说了许多，妈妈说："你去企业干干就知道学习好了！"我当时并没有真正明白妈妈的意思，但得到家长的同意，我就可以正式启程了！

由于我们是新生，属于"认知实习"，主要是认识企业、认识职业。根据学校相关规定，我和其他参加长江汽车实习的同学一起，统一调整了学习计划。部分课程通过老师"现场教学"完成。

一到长江汽车公司，我就被长江的现代化生产场景震撼了。长江汽车是目前国内规模最大、智能化程度最高的纯新能源汽车生产企业。我们实习的总装车间、焊装车间，每个面积都超过八万平方米，全部都是机器人作业，我们则负责配合机器人完成工作。见到这么先进的新能源汽车生产线，开阔了眼界，也满足了自己的好奇心。我突然感觉对本专业的职业目标比以前更加清晰了，对汽车专业学习更有兴趣了，对自己未来就业也更有信心了。因为内心有了学习动力，我一改自己以前懒散的作风，每天早早起床，提前洗漱并穿好工作服，准时赶到厂车接送点，准时到培训教室参加学习。下车间后，也准时上班，认真按师傅要求做好操作，非常肯吃苦，很有进取心，师傅一直夸奖我，多次用他的饭卡给我加餐！

通过企业实习以及带队师傅的言传身教，我感受到了挣钱的不易，明白了做人的责任，变得更加心疼父母。想起以前父母给我打电话时很不耐烦，觉得自己特别不好。这些改变都是通过短短的企业实习经历给我带来的思想转变，变得会换位思考，替他人着想了。我会主动给爸爸妈妈打电话，告诉他们我的实习情况、生活环境和学习收获，爸爸妈妈都特别高兴。有一次，妈妈说了一句关心我的话，我随口说了声"谢谢"，妈妈居然在电话里哭了！

通过实习，我的动手能力也比以前增强了。我实习的岗位是汽车抛光，抛光过程中遇到不懂的地方，先要请教带队师傅，然后自己再细细琢磨，并且将要求、步骤和注意事项书面写下来，这样就不会忘记了。短短 12 天的实习，我真的学到了很多，也知道了自身的差距。以前，我总感觉课本知识索然无味，缺少学习主动性。现在，我切切实实地感觉到专业知识的重要性，因为知道怎么做容易，弄懂为什么这么做却不容易！这就需要在学校课堂里学好理论知识。实习后，我有了强烈的求知欲，对待学习的态度转变了，希望回学校后要好好学理论，弄明白实习中没弄明白的问题。

尽管来长江汽车公司才 12 天，我却感觉思想变得成熟了，有三句话想与同学们分享：

（1）实践最重要。只学不实践，那么所学的就等于零。理论只有与实践相结合才能真正学好、弄懂。

（2）理论是基础。不少学生到企业后，才觉得课堂知识没学好。在学校读书时都说宁愿工作，不愿读书，但工作了又想回学校"充电"。而师傅们都说，工作后想学也很难有机会了。

（3）实习可以学习社会。这次在长江汽车公司实习，我在待人接物、处理人际关系方面有了很大的进步，懂得了如何与师傅、师傅的同事以及同学更好地相处。人际关系和谐，工作起来才更有劲。我要珍惜接下来的实习时间，更加努力学习，更多地认识社会。

长江汽车公司，你真的让我成长了，谢谢你！

 有感而发

对于职业院校和应用型高校，实践教学至关重要。硅湖与杭州长江汽车公司的校企合作，通过"现场教学"，纵向实现了大一年级认知实习、大二年级专业实习和大三年级顶岗实习三个阶段的深度合作；横向实现了人才培养方案、理论与实践教学、双师资源以及校企学生管理四方面的深度融合，最终实现了学生、企业和学校三得益、三满意！并且推动了汽车学院的建设和新能源汽车专业的发展，这是硅湖最具示范性和有效性的校企深度合作成果。

有人说，大学是个象牙塔，学校与职场、学习与工作、学生与员工差异巨大。而通过校企合作、产教融合，则可以明显缩短这种差距。

学在课堂，学在实践，学在社会。

▶ 扪心自问

（1）听说去企业实习可以不用上课，还有钱拿，我会为此心动吗？

（2）我该如何正确看待课堂学习与企业实习的关系？

笔记区

笔记区

名人名言

行是知之始,知是行之成。

——陶行知

实践是检验真理的唯一标准。

——邓小平

案例三

我的兼职经历
——记者采访打工学生的报道

家住江苏省溧水县洪蓝镇的王涛,虽然今年才19岁,却已经利用周末和寒暑假打过好多工了。

记者初次见到这个小伙子是在洪蓝某工厂。王涛看上去高高瘦瘦的。看见我们到来,王涛显得非常不好意思,脸唰地变得通红,手不停地拽着衣服。记者注意到,王涛的衣服显然已经穿了好久,裤脚都短了一截。随后,这个憨厚的小伙子就领着我们参观了他的工作岗位——和10几个上了年纪的妇女坐在一起拣玻璃,他是这里唯一的男性。记者问他为什么选择在这里工作,他说他就暑期干几天,因是短工,没有单位肯收他,幸好这家老板看他可怜肯用他,他已经连续两个暑假在这里打工了,做两个月正好够自己交学费。

据了解,王涛还有一个姐姐,今年22岁,高中没毕业就出去打工了,学习成绩一直很优异,可由于家境困难不得不辍学。爸爸身患肝炎已近10年,被身子拖着一直不能干活,每天都要吃药,家里所有的重担都落在了妈妈身上,就靠姐姐打工的几百元钱支撑家用。去年,王涛考上了职中,他考虑到自己家的状况,也想过退学,可是想到自己没有一技之长,现在很多单位都要高中以上学历,还是决定上了,而懂事的王涛一拿到通知书就开始找单位,找了很多家单位,说过很多好话,但别人听说他只是做短期的零工,都没人肯收留他。

王涛不怎么爱说话,只是在埋头干活,于是记者主动上前与其攀谈了起来。王涛告诉记者,自己每天骑自行车要近一个小时才到单位,为了省两元钱,打工那么长时间以来,没舍得坐过一次车,就算下雨天也不例外。"我很清楚家里的情况,爸爸不能干活,妈妈就靠打零工维持家庭生计,姐姐一个人在外面打工也很辛苦,我也是个小伙子了,也要为家里做点事了,好在这家单位为我提供了这样一个机会,用'山穷水复疑无路,柳暗花明又一村'来形容当时的情形还蛮确切的。"

据王涛的"同事"介绍,王涛很老实本分,对人也很热情。他在单位干过很多工种,平时话不多,干起活来却一点也不逊色,什么脏活累活都抢着干。在单位吃饭时,他家里也没什么菜带,都是些自己种的蔬菜，同事给他碗里夹菜他从来不要。记得有一次干活不小心把手弄破了，去医院缝了好几针，领导说算他工伤，让他在家多休息两天，可他第二天就跑过来上班了，还把绑着纱布的手给领导看直说没事，可以干活。对此，王涛笑着说："我怕我几天不来干活，他们就不要我了，领导很照顾我的，一点小伤不要紧。"干了两个暑假，他没请过一天假，缺过一天班。单位有的人看他老实，就让他干这干那，有好心人劝他别理那些人，他总是笑着说没事。

采访结束的时候，王涛告诉记者："我会在学校好好学习，有机会考上大学的话我还是会上，一样勤工俭学。我只希望以后能进一个好一点的单位，这样家里负担就不会这么重了。我过苦日子，我想以后爸妈能过得好点。"

有感而发

俄国文学巨匠高尔基曾写过一部自传体长篇小说——《我的大学》。小说叙述16岁的主人公满怀着上大学的愿望，告别了年迈的外祖母来到喀山。但严酷的现实使他上大学的美好愿望化为泡影，不得不为生存而劳碌奔波，住"大杂院"，卖苦力，与小市民和大学生交朋友。他进入了一所天地广阔的"社会大学"，在那里学到了在有围墙的大学里学不到的知识，使他在思想、学识、社会经验方面都有了长足的进步，由此成长为一个革命知识分子。小说至今仍受到读者的热烈欢迎，鼓舞着无数渴望光明和知识的年轻人勇敢前进。

所以，社会才是真正的大课堂。在社会大课堂里，我们可以学到善恶成败，也可以经历挫折、品味成功。

扪心自问

（1）我希望有打工经历吗？
（2）我对"社会大课堂"是如何理解的？

名人名言

教育应当使所提供的东西让学生作为一种宝贵的礼物来领受，而不是作为一种艰苦的任务去负担。

——爱因斯坦

只有能够激发学生去进行自我教育的教育，才是真正的教育。

——苏霍姆林斯基

感动体验：我当面试官

【活动目的】

（1）通过体验，引起学生对未来就业的关注，以明确自己的学习

笔记区

笔记区

动机。

(2) 帮助大一新生提高学习兴趣，调动他们主动学习的积极性。

(3) 学习如何表达和交流。

【活动准备】

(1) 多媒体教室一间。

(2) 按小组围圈坐。

(3) 每个学生佩戴胸卡。

(4) 助教两名。

【活动导言】

大家虽然刚刚进入硅湖校园的大门，但必须从现在起，思考三年后走出大门可能面对的求职问题，从而确定自己努力的方向。

如果说上大学靠成绩，那么三年后求职靠的则是你的能力和经历！它的表现形式就是你的简历吗！最后，必须接受用人单位的面试！

接下来，请大家在老师的指引下，体验"我当面试官"。

【活动过程】

(1) 导师：请大家拿出笔和简历表，开始填写（2 分钟）。

(2) 请全体同学起立，按照小组两两对立，一边扮演应聘者，另一边扮演面试官。

(3) 应聘者自我介绍，面试官根据用人要求提问（3 分钟）。

(4) 角色互换。

(30 分钟时间到。)

感悟分享

（背景音乐）

1. 导语

比尔·盖茨曾经这样告诫在校的学生："你的学校可能已经作出优等生和劣等生的分法，但人生并没有。"在学校，所有的教科书与教师的课堂，都是以标准与权威答案呈现的，但是，在社会上，所有问题的答案，都需要自己去寻找。

那么，请同学们认真回忆一下今天分享的案例故事，反复回味刚才的体验活动，然后分享一下你从中寻找到了哪些问题与答案？

(1) 你对大学的学习特点有什么认识？

(2) 通过体验活动，你有何感悟？

(3) 硅湖三年，你觉得自己更要注重哪方面的学习？

2. 小组分享

以小组为单位进行感悟分享。

3. 大组分享

由各小组推荐或自荐一名同学上台进行感悟分享。

亲历感言（学生填写）
(1) _____
(2) _____
(3) _____

活动点评（老师填写）
(1) _____
(2) _____
(3) _____

感恩结语

（背景音乐）
　　我的大学，我做主！
　　要想在未来的职场中能够脱颖而出，现在就要明确今后三年学习的意义、学习的方向和学习的重点，并且由此找到最适合你的学习途径、学习方法。
　　作家卢新华曾说："人要读三本大书：一本是有字之书；一本是无字之书；一本是心灵之书。"读"有字之书"是指我们读实实在在的书，包括课堂知识和书本知识；读"无字之书"是指我们在社会中获取到的经验知识，指我们的经历和体验；读"心灵之书"是指要读懂自己的心灵，找准自己的定位，找到适合自己的人生道路。
　　感谢刚才大家分享，让我明白了一个道理：认真，只能学对；用心，才能学好！希望我们一起努力，学在硅湖，学有成效！

名人名言

世界未来的竞争，就是知识产权的竞争！
　　　　　　　　　　　　　　——温家宝

智力教育就是要扩大人的求知范围。
　　　　　　　　　——詹姆斯·拉塞尔·洛威尔

感奋践行

（1）写一文：《我该把学习重点放在哪里（课堂？实践？社会？）》。
（2）做一事：向三人（老师或同学）请教课堂学习方法，各小组组长督促，下次课分享"三人行必有我师"。

名人名言

社会就是书，事实就是教材。
　　　　　　　　　　　　　　——卢梭

笔记区

笔记区

> 对于我们的人生，我们必须自己向自己负起责任。因此，我们也要充当这个人生的真正舵手，不让我们的生存等同于一个盲目的偶然。
>
> ——尼采

拓展阅读

阅读一

硅湖职业技术学院学生提前毕业实施办法

学院鼓励学有余力的学生选修辅修专业拓宽专业知识面，提高就业竞争力。学院鼓励学生通过自学，提前修满人才培养方案规定的各类学分，根据《硅湖职业技术学院学分制学籍管理规定》的精神，在籍学生在规定学制内修满规定的学分可申请提前毕业，具体办法如下。

第一条 申请学生必须满足以下基本条件。

1. 申请提前毕业的学生应是德、智、体各方面全面发展的学生，且无考试不及格课程，已修满人才培养方案规定的学分。
2. 已通过江苏省计算机考级考试，已获得规定的职业资格证书。
3. 已按规定参加认知实习，认真填写实习周志，实习单位鉴定良好，实习成绩合格；按规定参加顶岗实习达一个月及以上，实习单位鉴定良好。
4. 每学期素质学分达到合格。

第二条 申请学生应提交以下材料。

1. 提前毕业申请表。
2. 所学专业的培养方案和课程成绩记载表。

第三条 申请时间：学生修满人才培养方案规定的学分，且符合毕业条件。

第四条 申请、审核流程：

步骤	时间	内容	备注
第1步	第5、6学期	网上下载申请表，填写好相关信息	申请人本人操作
第2步		将填写好的申请表送交所在系（部），由系（部）填写好素质学分并签署意见	申请人送交系（部）
第3步		系（部）将签署意见的申请表送交教务处进行初审	系（部）送交教务处
第4步		教务处会同系（部）进行毕业资格审核，给符合毕业条件的颁发毕业证书	教务处、系（部）操作

第五条 本办法自2015年9月1日起施行，解释权归教务处。

阅读二

硅湖职业技术学院工学交替实习管理办法

根据《教育部关于职业院校试行工学交替、半工半读的意见》《关于全面提高高等职业教育教学质量的若干意见》等文件的精神，结合各专业工学交替人才培养模式改革和专业人才培养方案的要求，为了切实提高教育教学质量，加强学生实践能力的培养，推动我院工学交替教学工作规范、有序地开展，积极探索高技能人才培养模式，加强工学交替教学环节的管理，在教学管理有关规定的基础上，特制定本管理办法。

一、总则

第一条 工学交替是我院学生技能培养工作中的重要组成部分和教学环节，其教学活动的计划、组织和实施必须以提高学生的职业认知和职业能力为目标。

第二条 工学交替实习是指在教师的指导下，学生基于企业真实岗位而进行的实践教学活动。其目的是接触生产实际，积累感性知识，学习工作技能，培养职业素养和实际工作能力。

第三条 在工学交替实习过程中，既要注重学生专业技能的培养，又要加强与学生未来就业岗位相关的职业素养及诚信教育，重视职业操守的培养。

第四条 工学交替实习纳入人才培养方案，包含在总学分之中。

二、教学的组织与实施

第五条 工学交替实习教学工作实行院系二级管理。教务处协调组织审批工学交替实习实施计划、监控教学计划的实施、协调与反馈实施过程中出现的各种问题；校企合作处、各系部具体实施各专业的实习教学工作和管理工作。

第六条 实施计划一经批准，不得随意更改。确有原因需变更时，校企合作处、各系（部）应与企业相关人员共同协商，并到教务处办理相应的变更手续。

第七条 校企合作处、各系（部）在与企业协商工学交替实习教学合作过程中，要明确企业、校企合作处、系（部）、学生四方的权利、义务和责任，并以协议（合同）的方式予以约定。合同一式三份，其中一份给合作企业；一份留校企合作处保存；一份留学院档案室保存（其他相关部门复印留存）。

第八条 在双方确定的教学实施计划中应包含：职业素质和职业技能培养目标、教学内容、教学人员、教学场地、教学设备、技能测评指标、技能测评方式、经费的使用、安全教育、意外事件的处理办法、学

笔记区

生的食宿、合作期限等，如涉及知识产权方面的问题，应明确知识产权的归属或分享。

第九条 要建立工学交替实习管理档案，定期巡回检查工学交替实习情况，加强实习指导和管理。

第十条 建立学校、工学交替实习合作单位和学生之间的信息联系制度，定期进行沟通联系。

第十一条 在工学交替实习期间，学生具有在校生和企业员工的双重身份，不仅要遵守企业的相关要求，同时需及时完成实习日记或周记；工学交替实习结束后，需提交包含实习记录、实习总结以及实习评价在内的工学交替实习报告。

三、各方职责

第十二条 校企合作处职责

1. 校企合作处根据专业人才培养方案工学交替实习的需要，按照专业对口或专业相近原则、就地就近原则，建立相对稳定的实习基地。

2. 加强实习基地的联系与交流，协助系（部）聘请实习单位的中高级技术人员作为实习基地的兼职指导教师，指导实习。

3. 定期召开实习基地工作会议，总结实习教学工作经验，听取实习基地对实习教学工作的意见和建议以进一步改进实习教学工作。

4. 负责与企业签订涉及企业、校企合作处、系（部）、学生四方的权利、义务和责任的协议（合同），确保各方的权利和义务。

第十三条 系（部）职责

1. 加强工学交替实习管理工作，建立健全工学交替实习管理制度，强化工学交替实习工作的监督检查，明确对学生工学交替实习期间的考核内容和考核方式，认真进行考核。协调有关部门和实习单位，共同做好实习学生的管理工作，保证实习安全、有序开展。

2. 与实习单位共同制订实施方案，开展专业教学和职业技能训练；指导教师要加强对学生职业素质培养，定期帮助学生总结工学交替实习成果，做好工学交替实习成绩的评定工作。

3. 系（部）要主动加强与工学交替实习单位和学生的联系，要建立专业指导教师联系学生制度，及时准确地掌握学生的工学状态，解决工学交替过程中出现的矛盾和问题，切实指导好学生的工学活动。

4. 系（部）要与工学交替实习单位协商，必要时允许工学交替期间学生集中一段时间返校或在工学单位，完成相关课程的学习。

第十四条 指导教师职责

实习指导教师分为专业指导教师和生活指导教师（辅导员），专业指导教师由教学经验丰富、对生产实际较为熟悉、工作责任心强、有一定组织和管理能力的教师担任。生活指导教师（辅导员）由了解大学生的思想和心理、善于做思想政治工作、有能力处理学生在实习期间产生的思想与生活等各种问题的教师担任。

专业指导教师职责：

1. 熟悉专业工学交替实习教学计划和实施计划，做好学生工学交替实习前的各项准备工作，保持与学生的密切联系，指导学生顺利完成工学交替实习。

2. 主动与企业联系，积极配合企业开展工作，及时解决、协调工学交替实习中的问题，搞好校企关系。

3. 及时了解、掌握及检查学生完成工学交替学习的情况，指导学生完成工学交替实习作业等。

4. 负责学生实习作业的评价工作及学生实习综合成绩的评定。

5. 参与校外实训基地的建设，利用校外实训基地的优势，吸收最新的科技成果用于实践教学，并研究、探索和改革实践教学及技能训练方法和考核方法，对实习提出建议，努力提高实践教学质量。

6. 加强与学生实习企业周边区域企业的联系，通过实地考察等形式，力争建立更多适合我校学生实习或就业的企业。

生活指导教师职责：

1. 配合实习单位管理好学生的住宿，指导学生的学习、生活、健康和安全。

2. 对实习期间出现的问题，及时与实习单位沟通，与实习单位共同努力给予解决，经努力还无法解决的，及时向校企合作处和学校相关部门汇报。

3. 通过座谈会等方式了解并解决学生在工作、学习和生活方面遇到的困难和问题。

4. 实习结束后，按学院的相关规定，对校外实习的情况进行分析总结，协助评定学生实习成绩，并按学院相关部门的要求收集和上交有关资料。

5. 重视学生职业道德素质的培养，教育学生养成热爱劳动、遵纪守法、服从管理、爱岗敬业、团结协作的良好习惯。

6. 参与校外实训基地的建设，通过实地考察等形式，力争建立更多适合我校学生实习或就业的企业。

企业指导教师职责：

1. 按要求指导学生的实习工作，检查工作进度和质量。在业务指导中注意培养学生的职业素质。

2. 及时与学校沟通，反馈学生实习过程中的情况，确保学生工学交替实习质量。

3. 在工学交替实习即将结束时，代表企业做好对学生的实习现场的评价工作。

第十五条 实习学生职责

笔记区

笔记区

  1. 按人才培养方案和专业教学计划的要求按时参加工学交替实习。无正当理由不参加者，不能获得相应课程的学习成绩。

  2. 严格遵守学校和实习企业的规章制度，服从管理。

  3. 工学交替实习期间，不得擅离或调换实习单位。确因特殊情况需调换的，须本人提出书面申请，经系（部）审核批准。学生未经批准擅离、调换实习单位的，实习成绩以零分计，其间发生的一切问题由学生本人负责。

  4. 遵守实习单位纪律，尊重企业指导教师，服从工作分配，认真工作，遵守所在单位的保密制度，严格执行安全操作规程。若遇到问题，应及时与指导教师或所在系（部）联系，由学院与单位协商解决。若因学生的原因给单位或学校造成不良影响或损失，则学校根据有关规定给予相应处理。

  5. 积极主动与学校、专业指导教师、生活指导教师、企业指导教师保持紧密联系，完成工学交替实习任务。

  第十六条 实习企业职责

  1. 指定专门人员负责学生的学习和工作，根据需要推荐安排有丰富实践经验的技术或管理人员担任工学交替实习指导教师。

  2. 根据条件和协议，实习企业可向学生提供必要的工作学习条件或支付一定的工作报酬。

  3. 加强对学生的劳动纪律和安全教育，增强学生的安全意识，提高其自我防护能力。

  4. 工学交替实习期满，对学生做出书面鉴定，评定学生成绩。

  5. 企业应给予学校一定的实习管理费，具体数额及支付方式由双方洽谈后在协议中予以明确。

四、成绩考核与评价

  第十七条 学生在工学交替实习期间接受学校和企业的双重指导，校、企双方要加强对学生的工作过程控制、指导和考核，实行以企业为主、学校为辅、兼顾学生自评的多方考核制度。

  第十八条 实习考核评价由三部分构成：学生自我评价、企业评价、学校评价。三部分评价的内容参见"硅湖职业技术学院工学交替实习考核评价表"（略），各部分成绩的比例由校、企商定。

  第十九条 学生须按规定完成实习周记、实习报告等相关任务。实习成绩按优秀、良好、中等、及格和不及格五级记分制评定。

  第二十条 实习期间因故请假（或无故缺席）时间超过相关规定者，原则上应令其补足或重新实习，否则，其实习成绩按不及格处理。违纪者补做实习期间的费用，一律由学生个人自理。学生确因身体或特殊原因需要请假的，须经系（部）核准、教务处签字确认免修。

五、实习工作总结

第二十一条 实习结束时,要认真做好总结工作,应于结束后一周内将实习手册交所属系,教务处将不定期地对实习工作总结进行检查或抽查。

第二十二条 核算实习教学工作量时,须向教务处报送"硅湖职业技术学院实习考核总结表"。

六、实习经费

第二十三条 实习经费从学校下拨的专项经费中列支;要保证实习经费用于实习;实习费用的开支,按照学校有关财务规定执行。

七、其他

第二十四条 各系(部)参照本办法,制定相应的配套管理办法、实施方案及激励机制。

第二十五条 毕业前的顶岗实习参照《硅湖职业技术学院学生顶岗实习管理办法》执行。

第二十六条 本办法自2015年9月1日起施行,解释权归教务处。

阅读三

硅湖职业技术学院关于在籍学生参加"专接本"的规定

根据省考委、省教育厅《关于在全省普通高校中开展在籍专科学生接读自学考试本科工作的补充意见》(苏教考〔2008〕14号)和省教育考试院《"专接本"工作补充意见实施细则》(苏教考自〔2008〕26号)文件精神,学院特制定专科在籍生参加"专接本"的规定。

一、招生对象

列入国家计划、经省招生部门正式录取的各类专科学校的三年级在籍学生。

二、学生报考的基本条件

1. 思想品德优良,遵纪守法,身体健康。
2. 学习认真、刻苦,成绩优良,学有余力。
3. 报考的"专接本"专业与专科所学专业相同或者相近。

三、报名时间和方式

符合条件的学生,可根据自愿的原则,于每年4月向所在学校继续教育学院申请报名,经学校审核同意,方可参加学习与考试,并由学校向所在地自考办办理集体报名。

笔记区

四、学制

参加"专接本"的学生全日制在校学习两年。

五、毕业

学生在两年内修完规定的全部课程且成绩合格后,可获得主考院校颁发的自学考试本科文凭,符合学士学位授予条件的可授予学士学位。

模块四

文化硅湖

感性导言

（背景音乐）

亲爱的同学们，来到硅湖，最令你们惊奇的一定是东南东的雕塑群吧？初见这规模庞大、造型奇特、比例夸张、色彩艳丽的巨型彩绘和手编雕塑群，你一定感到震撼，又充满好奇和疑问：

"这些雕塑有什么含义？"

"它们是谁设计的？又是谁建造和绘制的？"

"它们怎么会出现在硅湖？"

"东南东是什么意思？"

亲爱的同学，祝贺你！因为你有缘来到硅湖，因为硅湖有东南东，它会让你充满好奇和求知欲！法国大作家法朗士说："好奇心造就科学家和诗人。"现在就让老师带领你，走进东南东，走近这些由大师和学长共同创造的艺术瑰宝，感受它的呼吸，触摸它的肌肤，了解它的内心，也许你真的可能成为"科学家和诗人"！

东南东，硅湖靓丽的文化名片！

东南东，每个走近它的人，都会抬头仰视，满怀好奇，心生敬意！

名人名言

艺术的目的不是要去表现事物的外貌，而是要去表现事物的内在意义。

——亚里士多德

艺术的伟大意义，基本上在于它能显示人的真正感情、内心生活的奥秘和热情的世界。

——罗曼·罗兰

感人案例

案例一

建筑大师与小女人的建筑大梦

顾定红

2009年6月2日，为了筹建东南东（当时称"好蓬莱"，英文HAPPY LAND），我随梁顺才、史宝凤两位董事长去台湾考察。一出桃园机场，梁董先带我们去"士林夜市"品尝美食，然后又去婚庆中心考察。晚上10点多，我们来到台北内湖区一个名叫"五角船板"的餐馆。

夜色中，餐馆外形如同两个长发飘飘的女孩在天幕上狂舞，头部只有鼻子和头发，没有眼睛、耳朵和嘴巴，据说是为了不受世俗的纷扰。

笔记区

餐厅正中有一张招贴画,是一个身穿青蓝衣裙的女人扭腰微笑站在餐馆前面,上书八个字——"小女人的建筑大梦"。

梁董一边订座,一边随口问服务生:"老板在吗?"

"在!今天在!现在就在!"服务生好像也有意外之喜,梁董更是大喜过望!

于是,我第一次见到了"五角船板"的设计者、建造人、老板,台湾家喻户晓的素人建筑师谢丽香——一个身材娇小、肤色黝黑、双目灵动、烫着蓬蓬头的小女人。

谢丽香出身台南贫寒农家。自小喜欢画画,常常幻想建"梦想中的房子"。1999年,从没学过建筑知识的她,靠向亲朋好友集资和"口述设计"、自己监工的方式,用海边捡来的漂流木、牡蛎壳和石头作主料,搭建了一座奇思怪想、造型夸张、色彩瑰丽的餐厅,取名"五角船板"!并由此扬名,在台湾先后建了六个"五角船板",其中台北店规模最大、最丰富,常常客满,据说连林志玲都排了两个多小时队才吃上饭!

谢丽香只醉心造房,餐馆完全交由别人打理。那天之所以在,纯属偶然。只能说,一切都是上天最好的安排!

短短的交谈,建筑大师"好蓬莱"的非凡创意与小女人的建筑大梦一拍即合,火花互映,共同的追求与创作的激情很快化作重托与承诺!

两天后,梁董、史董在"五角船板"现场办公,为"好蓬莱"招募各路精英。

三天后,谢丽香送来雕塑小样,梁董当即认可,并确定主题为"创意海洋"。

一月后,谢丽香应邀到苏州梁董家中做客,并考察硅湖学院。

项目全面启动后,谢丽香根据梁董的总体要求,殚精竭虑,倾心创作。基本是晚上构思,早上端着饭碗与施工人员讲"设计"。由于没有图纸,没有文字,所有想法都在她的脑子里,尽管她一遍遍解说,工人们常常还是无法理解她的"设计"。事实上,她的"设计"在常人眼中原本就是"异想天开"！但只要她认为没有达到自己的要求，就推倒重来！最可怕的是，第二天一早醒来，她自己改变了"设计"，于是一切"NG"，重新来过。梁董、史董和施工人员常常为此与谢丽香作激烈的"沟通"、痛苦的"协调"。毕竟，你是"艺术创作"，工人是"按期施工"！但最后大都是"施工"服从于"创作"！因为梁董、史董深知，他们要的就是谢丽香的"异想天开"，这才是未来东南东艺术精髓和独特价值之所在！

谢丽香曾对我说"我的直觉和灵感总是泉水般涌出来，逼使我必须把它做出来！否则，我就会死的！"

的确，与真正的艺术家相处真的是很痛苦，应该说各方都很痛苦！艺术家痛于创作难以完美，工程师苦于工期无法控制，投资者痛于预算严重超支！

于是，谢丽香不辞而别。

无奈，梁董和史董先后邀请了两所知名美术院校来继续完成雕塑工程。他们都欣喜不已！因为能参与如此规模庞大的雕塑群创作，是一生难求的机会！他们派出教授带队、博士参与的精兵强将，自带现代化测量仪和绘画设备，科学制定方案，精心绘制设计图，并全程录像，说要为将来申报成果做准备。但是，最终都被婉言"劝离"，签订的创作费用也一分不少！

因为，谢丽香回来了！

她离开后，没有一刻停止过对东南东的关注。当听说别人要"创作"她的"孩子"时，失声痛哭，"无条件"请求回来。

于是，"孩子们"又重回"母亲"的怀抱。学院派的"大作"被刷白、归零，谢丽香带着硅湖86名学生，最终让她的"孩子们"惊艳亮相，举世无双！

后来，谢丽香又按照梁董的要求，先后增加了餐厅、SPA等场馆的彩绘以及巨型12生肖像的手编制作，使得东南东塑像、场馆、环境浑然

笔记区

一体,完美呈现了梁董"创意海洋"的整体构思。其中,12 生肖手编群像更是她的绝世首秀!

结果好,一切都好!一切也都值得!

有一天,我忍不住问谢丽香:"这些塑像有什么含义?"

她满脸真诚,说:"我说不清!每个人会有每个人的含义吧。在我眼里,它们是我的孩子,是我海洋深处的家人,它们有喜有悲,有愁有怨,但都源于爱,为了爱!12 生肖是我们中华民族文化的精髓,也都关乎亲情、友情和爱情,这或许就是梁先生做东南东的意义吧!"

 有感而发

东南东,一个由大师联袂创造的艺术殿堂,一个富于原创力量和独特魅力的创意海洋!在这里,你似乎可以听到来自海洋深处、原始森林生命的呐喊:一切源于爱,一切为了爱!

谢丽香说得对!真正的艺术品,尤其是雕塑艺术,每个人都会有每个人的理解,每个人都会发现和感悟属于自己的意义!所以,伟大的罗丹才会说:"生活中从不缺少美,而是缺少发现美的眼睛。"

在我眼里,东南东就是两位视艺术为生命的大师,联袂奉献给他们热爱的世界、热爱的生活、热爱的人们,是一种至诚至真的爱的表达。正因如此,他们付出了全部的心力和心血,不容一丝一毫的虚伪,不留一毫一丝的遗憾!

东南东,美的盛宴,爱的乐章!

▶ **扪心自问**

(1)我觉得东南东雕塑群美在哪里?
(2)我听了谢丽香的故事有何感想?

名人名言

生活中从不缺少美,而是缺少发现美的眼睛。

——罗丹

追求美而不亵渎美,这种爱是正当的。

——德谟克利特

案例二

东南东创意园暑期实践营

顾定红

2010 年暑期,是一段激情燃烧的日子。

东南东工程进入尾声,开园准备事宜全面启动。

为发挥东南东作为硅湖"产学一体"平台的作用,学院决定组建

"东南东创意园暑期实践营",让硅湖学生有机会与东南东员工一起,全程接受高水平营运专家的"岗前培训",以提升他们的就业创业能力,并专门制订了专业和课程对接以及学分转换方案。

六月下旬正式动员,计划人数314人,实际报名615人,经辅导员推荐和项目部面试,最终确定507人组成"东南东创意园暑期实践营"。另外,还有86位来自文创和土建专业的学生组成彩绘营。这些学生平时大都表现优良,包括学团干部、学生党员、入党积极分子、院长特聘学生助理和荣誉班学生。

一位学生干部给我发短信,她说:"原本和同学一起考驾照,钱都交了,现在只能放弃了;答应陪外公外婆去桂林也不能去了,他们很伤心!更不幸的是,我大奶奶昨天去世,我也无法回去,心里好难过!但这次机会难得,作为学生干部我必须带头,我会努力做好的,请院长放心!"

七月七日上午,"东南东创意园暑期实践营"隆重举行开营仪式。仪式结束后,全部营员分九个班按计划接受专业培训和实践训练。授课导师都是各事业部的总经理,包括来自台湾朝阳科技大学的资深教授,他们的课完全针对实战,是一般高校课堂无法听到的。

彩绘营由于工作特殊,难度、强度和辛苦程度最大!营员们分成10组,只要谢丽香在地上画出图样,同学们就绑上安全带,带上颜料和排笔,爬上脚手架,一笔一笔描画!画得不好,或者谢老师又有了新的"设计",就喷白重画!这群"90后"的乖男娇女,面对纷杂的工地、吓人的脚手架、夏日高温和复杂的作业面,每天挥汗如雨,满身颜料,承受了难以想象的精神和身体磨砺!但看到谢丽香大师,年过四旬,头上扎着一块只露两个眼睛的花布,天天在灰尘飞扬的工地上奔波,在脚手架上爬上爬下,为同学讲解示范,晚上还要苦苦"设计"、无法安寝,大家便深受感动!也有人放弃,但大部分同学都咬牙坚持了下来。有位组长偷偷"溜号",回到老家后约中学好友聚餐,酒足饭饱后回到家中,打开手机,里面全是组员们愤怒的指责和讥讽,令他羞愧不已,连夜赶回。早晨六点半点名时,他已站在小组的最前面!

笔记区

2010年8月10日,雕塑彩绘全部完成。仇雪桃、顾晓闵、潘新茹等47位彩绘营营员坚持到了最后!梁董、谢丽香大师和我共同为他们举行庆功宴,给他们颁发了由我们三人亲笔签名的"东南东彩绘营荣誉证

笔记区

书"。梁顺才董事长还亲自为徐洪磊、方伟、何佳佳、胡静、傅益民、刘宗贤、于乐、尤广浩、孙路艳和李启扬等10位同学颁发了"东南东彩绘营最佳营员"奖状和纪念品！这特殊的证书和奖状，成了这些同学一生的骄傲和后来就业、创业中最有力的资历证明。

梁董和史董还特地指示我，为他们每人买了一套全新的衣裤，而将他们沾满颜料和汗水的工作服留下来，连同他们用过的排笔、颜料桶，在东南东四楼专设了"东南东创意海洋硅湖大学生彩绘事迹陈列室"，记录他们这段激情燃烧的日子！

梁董、谢丽香大师和全体在场师生共同在一件工作服上签名，作为陈列室乃至未来校史馆永久的珍藏！

我在陈列室序言中写道：硅湖十年耕耘，总在苦寻"产学一体"之路，东南东让我们清晰地看到了直通大道！历史写下了这个富于创意、激励创业的诗篇，为东南东，为硅湖，更为其中的每一位！

 有感而发

世界因为爱才充满创意，创意因为爱才拥抱世界。

然而，无论爱、生命、创意，还是亲情、友情、爱情，世上的美好和艺术的伟大，都要用血汗浇铸，都要历经艰辛！

只有坚韧不拔、永不放弃的人，才有资格领受上天的奖赏！

彩绘营最佳营员方伟说："人生有了目标后，就要永不放弃。相信自己有这个能力，更要相信坚持就是胜利！"

最佳营员孙路艳说："我非常骄傲，这次不同寻常的经历，是我人生中一曲优美的乐章！"

最佳营员于乐说："这不仅是彩绘雕塑，更是彩绘我的人生！"

> **扪心自问**

（1）如果有一天，我也遇到类似东南东暑期实践营这样的机会，我会参加吗？

（2）对彩绘营学长的感言，我有何感悟？

> **名人名言**

动人以言者，其感不深；动人以行者，其应必速。

——李贽

要创造出真正的美必须具备巨匠的技艺。

——约·德莱顿

> **案例三**

东南东
——硅湖产学创基地

2010年8月27日，东南东文化创意产业园隆重开幕。

东南东，一个响亮而富于东方意蕴的名字！

它源于自然：从中国版图的地理中心出发，面朝大海，一路向东，其东南偏东位置，就是花桥，就是硅湖，就是东南东！

东南东之"创意海洋"由著名美籍华裔建筑设计大师、硅湖学院董事长梁顺才携手台湾著名素人建筑设计师谢丽香联袂设计。门口有色彩绚丽的巨型艺术雕塑，湖中有大型时尚的音乐喷泉。走进去，墙壁上片片森林，生机盎然；一棵棵生命之树，既像海星又像张开触角的章鱼，夸张而可爱。楼梯的护栏，像徐志摩笔下油油的青荇，又像炽热的火焰。手扶栏杆，俯瞰着每一个角落，这边像一幅江南风情的水墨画，那边又灿烂如梵高的《向日葵》；一边是细致如发的工笔画，另一边又像毕加索不拘一格的印象派。每一笔每一画，都由硅湖学子细细描绘。流畅的线条，斑斓的色彩，仿佛让我们置身于一个多维空间、一座美丽的宫殿，让人流连忘返！

笔记区

笔记区

东南东的巨型彩塑,服饰艳丽、造型奇特、充满原始生命张力,其硕大的手脚、细长的手臂、舞动的身体,给人以强烈的视觉冲击。它们来自一个充满"爱"的海洋家族,驻留东南东,或对你笑脸相迎,或听你窃窃私语,或独自沉思,或相互偎依。它们都源于爱,为了爱,给人们带来至善、至美、至爱的幸福向往。它们四周散布着状如海星、太阳花等海底生物,置身其中,仿佛来到了《阿凡达》的世界,令人沉浸于远离喧嚣、古朴纯真的气息之中,彰显了人与自然和谐共生的理念。

同时,东南东的12生肖手编雕塑群,也是由硅湖学生用铅丝、串珠等材料手工编制而成的,规模庞大、风格迥异、各具神韵,极富艺术想象力和深刻的文化内涵,凸显了中华民族尊礼重仪,注重亲情、友情、爱情的文化传统。

中共苏州市委常委、统战部部长周向群说:"东南东犹如双面绣,一面绣着宝岛台湾的海洋文化,一面绣着苏州2 500年的吴文化,必将成为姑苏文化创意产业的新高地。"

2010年上海世博会主要组织者、国家世博局副局长周汉民教授说:"我可以负责任地说,东南东是当代世界规模最大的手绘、手编雕塑群!"

东南东设有万岁婚典婚庆馆、婵林SPA馆、创意家居馆、西域丝路文化馆、12生肖茶艺馆、创意生肖艺术馆、陶艺瓷画馆、史蒂夫创意烘焙馆、京韵珠宝馆、国凤创意服饰馆、龙凤坊丝绸文化馆、四面八方儿童体验馆、鲤鱼塘创意餐馆、将军红创意农家菜馆、山多利创意料理和硅湖夜市台湾小吃等数十个创意体验区,致力于打造富有中国文化底蕴、集"庆、健、美"于一体的创意园区。

开园以来,东南东独立承办过中央电视台"乡村大世界"十周年庆暨元宵节文艺晚会、2010年海峡两岸文化创意产业发展高峰论坛、2010年海峡两岸特色产品博览会、台湾逢甲大学全球校友成就展、2010年辽宁非物质文化遗产展览会、2010年中国农民书画展、2010年台湾农特产品博览会、"东南东"长三角大学生生肖创意设计大赛、"爱·绿色·创意"六一儿童节、"万岁婚典"和喜羊羊嘉年华等多项大型文化活动。2011年5月起,承办"中国文化创意产业名家论坛",全国政协副主席、著名经济学家厉无畏，著名外交家、国际展览局主席吴建民，《中国震撼》作者张维为，著名文化创意产业专家花建，全国政协常委、上海世博局副局长周汉民等先后亲临东南东作精彩演讲，引起全国关注。同时，东南东成为昆山和苏州最具影响力的文创产业示范基地，先后荣获"中国创意产业最佳园区"称号和"2010年上海世界博览会特别贡献奖"。

2011年2月10日，"中国文创产业之父"、全国政协副主席厉无畏视察硅湖和东南东后高兴地说："一所民办大学拥有如此庞大、神奇的创意园区作为学生学习、实习和创业的平台，这是硅湖学生的幸运，国内绝无仅有，应该大力宣传和推广"，并亲笔题字"创意点亮东南东"。

2012年学院成立了"硅湖东南东产学创中心"，由史宝凤董事长亲任领导小组组长，中心下设25个实训室，将东南东所有业态与环境艺术设计、服装设计、建筑设计、影视广告（动漫）、数字媒体技术、园林技术、艺术设计、旅游管理、工商企业管理、市场

营销、电子商务、生物技术、文化事业管理、儿童发展等相关专业一一对应，实行"双主任制"（专业带头人任教学主任，项目经理任实训主任），并制定了《学生参加东南东文化创意园实习细则》《硅湖与东南东人员相互兼职管理办法》等文件，确立了"专业共建、课程融合、师资互兼、资源共享、收入双酬"的目标。2014年，东南东全部转为硅湖职业技术学院教学和实训场所。

2018年，东南东确定为硅湖"文化创意与现代服务业训练中心"。

 有感而发

东南东是我们硅湖学子的自豪和骄傲！

东南东，是硅湖职业技术学院的产学创基地，是硅湖坚持走"产学一体"之路的成功探索，是彰显硅湖办学理念的独特标志，也是硅湖靓丽的文化名片！

▶ 扪心自问

（1）我看了东南东落成后丰富多彩的活动有何感想？
（2）我真正理解"产学一体"的含义吗？

名人名言

也许你感觉自己的努力总是徒劳无功，但不必怀疑，你每天都离顶点更进一步。今天的你离顶点还遥遥无期，但你通过今天的努力，积蓄

笔记区

笔记区

了明天勇攀高峰的力量。

——尼 采

美具有引人向善的作用和力量。

——柏拉图

感动体验：守护东南东

【活动目的】
（1）通过活动，体验当年彩绘营学长的艰辛，增强保护东南东的自觉性。
（2）学习整理、清理、修复雕塑的方法。
（3）相互协作，增强团队意识。

【活动准备】
（1）将学生按 8～10 人一组分成若干组。
（2）抽签确定各小组对应的东南东 12 生肖手编雕塑。
（3）每组确定一名负责摄影的同学，用手机记录活动情况。
（4）助教或学长两人。

【活动导言】
东南东雕塑是硅湖令人骄傲的文化名片，却因人为损坏使它伤痕累累，你该如何做呢？
我们不能容忍这种行为！我们也不能放任这种状况的存在和蔓延，需要的是行动，而且是现在！

【活动过程】
（1）学生以小组为单位，走到对应的 12 生肖手编雕塑前。
（2）仔细观赏塑像，每人交流对雕塑美的观感，并想象、描述当年谢丽香大师、学长工作的场景和可能的制作方式。
（3）手工修复雕塑，并拍摄记录修复前后的状况。
（40 分钟时间到，各组准时带回教室。）

感悟分享

（背景音乐）

1. 导语

去年，我去北京故宫游览，导游讲了许多明代著名建筑学家蒯祥（1398—1481 年）设计建造故宫的种种传说。蒯祥是苏州吴县香山人，作为同乡，我感到很自豪！然而，看到少数游客在故宫到处乱写乱画，使文物遭受人为破坏，实在令人气愤！我为这些人的素质低下感到遗憾和悲哀！

创造美，千辛万苦；破坏美，一念之间！

今天，在硅湖，我们拥有当今世界最大的手绘手编雕塑群，它们是梁顺才博士和谢丽香大师的心血结晶，是我们学长千辛万苦亲手绘制和编制的成果，是我们硅湖学子的自豪和骄傲！然而，今天我们看到遭到损坏的状况，难道不令人痛心和羞愧吗！来往的宾朋又会怎么看呢？

（1）你曾经损坏过东南东手绘手编雕塑吗？

（2）你如果看到有人正在损坏东南东雕塑，你会怎么做？

（3）通过本次体验活动，你最大的感悟是什么？

2. 小组分享

以小组为单位进行感悟分享。

3. 大组分享

由各小组推荐或自荐一名同学上台进行感悟分享。

亲历感言（学生填写）

（1）_____

（2）_____

（3）_____

活动点评（老师填写）

（1）_____

（2）_____

（3）_____

感恩结语

（背景音乐）

大学，是汇聚知识的地方，承担着传承文明，弘扬着文化的使命。

硅湖是一所高等职业院校，一直注重创建文化硅湖，使之成为硅湖未来发展、提升和成就百年基业的基础。

在硅湖，一年一度的"硅湖之春"文化月、"一二·九"歌咏大会，每周一次的"硅湖大讲堂"，优秀校友模范事迹、校内好人好事以及为困难同学募捐等活动，包括校园内富有情趣的建筑小品、丰富多彩的画廊以及"5G"体验式课堂，都会给我们带来潜移默化的人文精神熏陶，提高我们的发展核心素养。东南东文化创意产业园，更为硅湖师生带来了无穷的创意空间，是硅湖文化的独特标志和靓丽名片，我们理应倍加珍惜和爱护。

感谢大家，愿意当东南东的守护者！感谢同学们在分享中表达了对硅湖的爱，对东南东的爱，对真善美的爱！这显示了你们高尚的情操和高雅的情趣，以及守护艺术、守护东南东的责任感和使命感！老师很受感动和教育，我也愿意和大家一起，做东南东的守护者，做人类文化艺术的守护者！

名人名言

美会在凝视者的眼睛里。

——刘·华莱士

笔记区

笔记区

如果两眼生来为着注视,美就是她存在的原因。

——爱默生

感奋践行

(1) 写一文:《我自豪,我在东南东!》。
(2) 做一事:做东南东的守护者。

名人名言

从我们心中夺走对美的爱,也就夺走了生活的全部魅力。

——卢 梭

地球上一切美丽的东西都来源于太阳,而一切美好的东西都来源于人。

——普利什文

拓展阅读

阅读一

鉴赏茶文化,明礼且致远

2018年6月6日下午,国家茶叶审评师、中国茶叶协会会员、江苏省高等教育学会产教融合研究委员会常务理事、我校产业教授王强在东南东山洞报告厅作题为"鉴赏茶文化,明礼且致远"讲座,受到师生的热烈欢迎。

王强教授首先从中国茶起源与传播讲起,继而谈到世界茶事件、茶与政治经济、茶与生活、六大茶系、茶与健康、茶叶安全、中国茶产业等,向师生们全面系统地介绍了茶的历史、茶的知识与茶的文化。

王教授讲解风趣幽默,对茶文化的专业见解娓娓道来,将茶与重大历史事件、茶与重要历史人物、茶与养生健康等紧密联系,讲解得通俗易懂,又意旨深远。同时,王教授还以茶为奖品,鼓励同学们在倾听讲解的同时,积极思考,踊跃发言,现场互动气氛热烈,掌声阵阵。

通过王教授的讲座,师生们不仅更加了解了茶文化的发展,也更加明白了茶与我们的日常生活密不可分的关系,增加了我们对中国茶文化的文化自信,激发了师生对茶艺、茶道等茶文化知识的兴趣。

最后,讲座在对茶文化的探究中圆满结束。

阅读二

"百戏之祖"新昆曲进校园

2015年11月4日晚,昆曲花脸著名演员刘立争率团来到我院,在东南东山洞小舞台举行"百戏之祖"新昆曲进校园系列演出活动。

活动中,刘立争老师等艺术家为全校师生表演了《西厢记》等昆曲名剧选段,表演从造型设计、服装造型和音乐合成等方面都独具匠心,精彩纷呈,赢得了师生雷鸣般的掌声。

笔记区

演出过程中,刘立争老师还亲切邀请部分学生代表上台,为学生现场化妆造型,传授舞台表演技艺,不断与师生互动,交流戏曲知识,更详细地介绍了百戏之祖——昆曲的发展历史和流传演变,活动现场轻松愉悦,让同学享受了一场国粹艺术的熏陶。

阅读三

第十三届《硅湖之春》文化艺术节总体方案(节选)

一、指导思想

坚持以党的十九大精神、习近平新时代中国特色社会主义思想为指导,围绕学校"创本"中心工作,以社会主义核心价值观为导向,推进立德树人、素质教育和内涵建设;活动坚持与专业技能培养相结合,展现学院奋发向上的精神风貌,营造文明和谐的校园文化环境,体现"责任、荣誉"校训和硅湖的校园文化特色。

笔记区

二、活动主题

自强感恩20年，励志奋进创新篇。

三、组织机构

主办单位：硅湖职业技术学院学生处；
　　　　　共青团硅湖职业技术学院委员会。
承办单位：各二级学院、部、处、室；
　　　　　工会、各二级学院团总支、校学生会、社团联合会等。

四、文化艺术节领导小组、工作小组与各部门职责（略）

五、活动对象与时间

对象：在校学生为主，教职员工参与。
时间：2018年3月29日至6月20日。

六、活动内容及上报时间

本届《硅湖之春》文化艺术节活动的内容要紧紧围绕主题，具有鲜明的专业特色、时代特征和学生特点，充分反映我校大学生爱校、爱专业、乐观开朗、积极向上的精神面貌，展示大学生青春风采，表现大学生高雅、健康的审美追求。

各承办单位上交申报表及方案的截止时间：2018年3月26日。

学生处、团委将会对各部门上报项目进行评定审核，审核通过的，给予资金支持。最终由团委进行审核、协调，以校内网公布项目为准。

七、报名方式

各团总支、班团支部负责按照各承办单位要求组织学生报名，并按规定填写报名表后，统一上交各承办单位。

八、评比表彰

1. 本届艺术节各承办单位设立评审委员会，负责聘请专业、有经验的学者和教师担任比赛的评委。为保证比赛的公平、公正、公开，比赛现场打分，当即公布成绩和名次。

2. 各单项比赛按照所参赛项目人数的一定比例评出一、二、三等奖。

3. 校团委对获奖学生颁发证书，奖品则由承办单位颁发。

4. 由学生处、校团委对本届艺术节所有开展项目进行等级（优秀、合格、不合格）评定，结果在全院公示。

九、活动要求

1. 提高认识，加强领导，精心组织。

各承办单位要高度重视本届文化艺术节，要根据文化艺术节活动的要求，及时上报拟定开展的活动项目，并制定相应的活动实施细则和具有本单位专业特色的文化艺术节活动方案，突出文化艺术节活动的宗旨和主题。

2. 注重专业，提升素养，追求创新。

本届艺术节的关键词是"专业、素养、创新"，要充分体现学院培养应用型人才的育人特色。各承办单位要结合自身专业特色，在重视专业技能比赛的同时，广泛接收外来资源，系（部）申报专业技能项目至少要有一项企业冠名，以彰显我校广泛开展校企合作的良好氛围。

各单位要加强前期动员，创新组织形式、项目类型，采取切实措施，提高广大师生的参与度和积极性。

3. 突出重点，强化宣传。

各单位要充分利用校园网、学院报、宣传橱窗、横幅等，加强对文化艺术节活动的宣传，努力营造良好的校园文化艺术氛围，确保2018年的文化艺术节活动取得圆满成功。

2018年3月

笔记区

模块五

法制硅湖

感性导言

（背景音乐）

同学们，有句话叫"勿以恶小而为之，勿以善小而不为"，出自《三国志·蜀书·先主传》，是刘备生前给儿子刘禅遗诏中的话，意思是：不能因为好事小而不做，更不能因为坏事小而去做，这样才能安邦治国。

的确，小善积多了就会成为利国利民的大善，而小恶积多了就会乱国毁家。

大学生正处在人生观、价值观和世界观形成的关键期，必须做到时时刻刻遵纪守法，事事处处积德行善，从我做起、从身边日常小事做起，自觉做一个知法守法、遵章守规、注重公德的优秀大学生，如此今后才能为国做贡献、为家添光彩、为己争荣誉！

有三句话，老师愿与你们分享和共勉：

守法，公民之责；遵规，学子之道；循矩，做人之德！

名人名言

不以规矩，不成方圆。

——孟子

假如有很好的法律，但人民不了解它们，这对共和国来说就像没有任何法律一样糟糕。

——温斯坦莱

感人案例

案例一

忏悔
——马加爵的一封信

夜已经很深了，面对着高墙铁网，我无法入眠，思绪像灰。几年的大学生活仿佛就在眼前，但我此刻却在这样一个地方。表面上看我很平静，但到了这种境地，试问谁又能做到心如止水呢？

两个月前，我的身份是一名重点大学的大学生，一名即将进入社会展示自己才能的毕业生，家人和国家都对我寄予厚望，而我本人又何尝不是满腔热血地想为祖国的现代化建设做出一份贡献，实现自己的人生价值。我的母校在整个云南省当中是名气最高、实力最强的高校，就业前景是很好的，这些我都从师兄师妹（老乡）和老师那里打听得很清楚了，所以很多报纸上所渲染的大学生就业压力我是从来没有感受过的。

笔记区

写到这里我真的很痛苦。可以说这"天之骄子"的身份是国家给予的，也可以说是我个人经过12年努力奋斗得来的，但我当初怎么就轻易地毁了这一切呢？那四名被害者也和我一样，家里都有父亲母亲、兄弟姐妹，也和我一样经历了多少年的寒窗苦读，也和我一样对未来充满了期待。但我当初怎么就那么轻易地毁了他们呢？人云：凡事都是有原因的，又说：事物的发展总有内因和外因，而内因是占主导地位的，所以现在每天我都努力思索，试图从自己身上寻求原因，找到一个合理的解释，但此刻我亦很糊涂，只能说当初很偶然！

就因为一次打牌吵架，我走上这条路。现在我以一个旁观者的身份看，这是多么荒谬，多么无知，多么悲哀，多么残酷啊！难道生命就这么脆弱？难道这世界上就没有什么值得留恋的吗？不是的！现在我是这么想的，以前也是！但是那几天我的心里只有苦恼，只有恨，诸多后果都未曾设想。很多事情都来不及思考，就已经发生了。事后才知道造成的影响是多么大，才知道给亲人造成了多么大的伤害，也才明白伤心难过的远远不止我的亲人朋友。后悔，但木已成舟，我无力挽回了。我想对整个社会说声对不起，想对那四名同学的亲人朋友说声对不起，但你们会接受吗？对于这么一个恶魔，你们会接受吗？

我是在农村上了六年小学，有一位老师特别严厉，自备了一个小木条来惩罚学生。在众多学生当中我是最顽皮的了，但大概是四年级吧，这位老师开始对我疼爱有加，尽管我仍然那么顽皮，不过他发现我有些小聪明。所以说，我对学习感兴趣是从那时候开始的，是拜这位严厉而又负责任的老师所赐。老师，真的很感谢您，您是我的启蒙老师。

唉，往事回忆起来总是那么甜蜜。

我高中时的那位班主任是一位仁慈有爱心而又负责任的人。我再也找不到什么华丽的词语来刻画他了——要想把自己内心的感受清晰全面地表述完全是很难的，相信每个人都有过这种体会。我们班主任几乎每天早晨六点整都会来到我们宿舍来催我们起床做早操，因为好几个人很不自觉，常赖床不起。有一个学期我对班主任说我不想做早操，想多睡会儿，好养足精力学习，老师也马上答应了。那么多的学生当中就仅我有这个特权。这位老师讲课详细，我私底下总觉得太过花费时间，觉得很多细节是没必要一一细点的。但我终于明白，老师面对的不只是我，而是全班同学。俗话说：十个手指都有长短，各人有各人的资质，水平参差不齐。他这是对全班同学负责啊！有人说小事情才是最感人的。这样的小事真是太多了，但我却描述不出来，只知道它们感动了我很多，很多。

还有很多人都让我感到了温暖，感到了内疚，但我不想一一写出来，以免像流水账，这样做也是很不负责任的。

这篇短文取名"忏悔"，除了想写出自己的所感所想以对所有受到我伤害的人有个交代之外，还想以此警醒世人，千万不要犯罪，凡事要三思而行。当你想犯罪的时候你要明白——最大的受害者其实是你最亲最爱的人！

其实，我最想对亲人们说声对不起。父亲母亲对我从小就疼爱有加，从小就对我寄予厚望，希望我出人头地，希望我为家乡争光。他们为我含辛茹苦了几十年，而我却在即将成功的时候，犯下了不可饶恕的罪行，这对他们的打击是多么的沉重啊，可怜天下父母心，对不起。

马加爵
2004 年 4 月 6 日

笔记区

有感而发

看完马加爵的信，我百感交集，扼腕叹息！

马加爵，1981 年 5 月 4 日出生，广西宾阳人，父母眼中的"孝顺孩子"，高中成绩优异，曾获得全国奥林匹克物理竞赛二等奖，被预评为"省三好学生"。2000 年 9 月考入云南大学，2004 年毕业前夕，因打牌与同学发生争吵，丧失理智、丧心病狂，2 月 13 日晚杀一人，2 月 14 日晚杀一人，2 月 15 日再杀两人，然后出逃。3 月 15 日晚在海南三亚落网，4 月 22 日以故意杀人罪判处死刑，6 月 17 日执行死刑。

一个前途光明的鲜活生命，在举国痛恨、受害家庭切齿、亲友痛哭声中戛然而止！

人之将死其言也善！马加爵的信，让我们对善念、宽容、守法有了更加深切的感悟！

扪心自问

（1）当遇到同样情况时，我会如何对待？
（2）有人说"守法一生之为，违法一念之间"，我是如何理解的？

名人名言

一个人如果受到法律得当的约束，就会变成坚定的、精明的、文雅的。

——马基雅佛利

普遍良好的秩序基于普遍遵守法律（礼俗）的习惯。

——亚里士多德

案例二

大学生违反校纪校规案例六则

防火篇

（1）2013 年 9 月 26 日下午，某高校经济管理学院学生王某，在宿

笔记区

舍里违规使用大功率电器热得快,停电后未将插头拔下,并顺手将热得快放于抽屉中,来电后引燃抽屉中的物品,造成火险,幸被及时扑灭,未造成重大财产损失。

(2) 2015年4月21日晚,某高校机电工程学院学生陈某,到实习车间帮助老师准备第二天上实训课使用的刀具和加工材料,但违规抽烟,离开时没有踩灭烟头,引燃用于擦洗机床、满是汽油的棉纱,导致起火,造成实习设备严重损坏。

据统计,高校内70%~80%的火灾发生在学生公寓和工程类实训场所。因此大学校园预防火灾十分重要。如果学生消防安全意识淡薄,消防常识缺乏,势必会酿成恶果。希望同学们引以为戒,增强消防安全意识,杜绝此类事故发生。

交通篇

(1) 2008年6月7日傍晚,某高校电子信息工程学院2007级学生李某,骑助动车外出购物,违反交通规则闯红灯,被一东风重载卡车碾成重伤,后经医院抢救无效死亡。

(2) 2017年6月,某高校艺术设计专业大三学生汤某,在周末看电影返回途中,一边看手机一边骑自行车,结果撞上了一辆卡车,导致终身残疾。

据统计,当前交通事故是造成大学生伤亡最大的一类事故。其中违反交通规则和边看手机边走路是主要原因!据美国一项研究显示,边看手机边走路,会减慢16%~33%的行走速度,而且大脑接收的外界信息也会减少。在这种情况下,发生事故的概率会比正常情况高出好几倍,非常容易引发悲剧。

行为篇

(1) 2015年1月10日晚,某高校建工学院学生宋某邀同学孙某、费某一起到学生公寓7栋5楼找用红外线发射器照射自己的人。当他们看见生命科学学院学生陆某手中有红外线发射器时,就认定是陆某所为并对陆某进行了殴打。随后,信息工程学院学生章某、祁某、杜某、柳某知道了这一情况,与陆某一起找宋某"评理"。结果双方在学生公寓14栋4楼的楼道间发生群殴,伤情严重。

(2) 2017年9月30日傍晚,某高校法学院2017级学生陶某在军训结束后,邀其老乡及同学10余人聚餐。席间,陶某老乡谢某不断劝其喝酒并以言语相激,导致两人发生严重冲突。纠缠中,陶某掏出随身携带的小刀威胁谢某,被旁人拉住,而谢某则乘乱用随身携带的水果刀将陶某右脸刺伤,留下终身残疾。

 有感而发

大学生,社会娇子,家庭骄傲!因为违纪、违规而导致伤亡甚至法律责任,是社会的损失、家庭的灾难、个人一生的遗憾!

大学生活是丰富多彩的，也是复杂多变的。大学生初次远离家庭，远离父母的呵护和关心，需要以一个成年人的姿态，自己独立应对各种人际关系、事务判断和突发状况，并承担由此造成的一切后果和法律责任。

因此，遵章守规是每一个大学生的基本素质和重要义务，是对别人、对社会，也是对自己负责的表现。在现实生活中，当我们受到不法侵害时，我们也要学会运用法律武器来维护自身的合法权益，而不是忍气吞声或采取不正当的手段予以报复。

▶扪心自问

（1）我平时能坚持做到遵章守规吗？
（2）当受到不法侵害时，我会怎么做？

名人名言

如果有很多双眼睛在敏锐地监视的话，大家就会为维护和平而遵守法律。

——温斯坦莱

家有常业，虽饥不饿；国有常法，虽危不亡。

——韩非子

案例三

扫除力
——做有素质的大学生
杨智勇

在硅湖，如果你到"中国最美高校食堂"——东南东餐厅吃饭，你可以看到每个学生吃完饭以后都会自觉地把餐盘送到餐盘回收处，这是很多院校都做不到的。

这源于史宝凤董事长的倡议——全校开展"扫除力"行动，主题是"爱护学校，从爱护身边环境做起"。行动要求：

（1）宿舍楼道取消垃圾桶，每位同学在离开宿舍时，都要自觉将垃圾袋带到楼下的垃圾集中清运点。

（2）严禁带饭菜进宿舍食用。

（3）严禁带食品进入教室。

（4）食堂餐桌自己清理，用过的餐具自己送到收集处。

（5）下课时，学生须自己清理座位四周和抽屉里的垃圾，并放入垃圾桶内。

（6）校园公共区实行卫生分区包干。

……

笔记区

笔记区

在硅湖"思想道德修养与法律基础"体验式课程中,有一个模块主题叫"镜——我们富有智慧",它告诉我们:你的生活环境就是一面镜子,可以映射出你的内心。

你可以做一个有趣的测试:环顾一下你的宿舍,或者如果你不在宿舍,请回想一下刚才你离开宿舍时房间的样子,如果地面积满灰尘,桌椅上堆满书籍和杂物,衣柜凌乱不堪,卫生间里又脏又臭……如果是这样,那么你目前的生活肯定也是杂乱无章,充满情绪垃圾!

哈佛商学院经过多年研究,发现一个现象:幸福感越强的成功人士,往往居家环境越干净整洁;而不幸的人,通常生活在脏乱无序之中。由小家推及大家,一个成功的企业,必定窗明几净;一个濒临破产的企业,往往肮脏混乱。

由此引发了席卷全球的生活哲学:扫除力!其中有这样一个结论:"你所居住的宿舍正是你自身的折射,你的人生其实就像你的宿舍。"

的确,大扫除看似一场简单的体力劳作,实则内蕴深沉的人生智慧。通过打扫,我们可以放下高傲,学会谦卑,在繁忙的学习中发现自己。打扫的过程,就是处理、选择、扬弃的过程,就是建章立制、遵规守矩的过程,就是大学生素养提升、法治硅湖奠基的过程。

你只要经常清理宿舍,你内心堵塞的地方,就会越来越通畅。顺溜了、轻松了,爱和感恩就流进来了。人生如同一场旅程,有山穷水复的困顿,亦有柳暗花明的惊奇。在此过程中的负面情绪只是对生命的浪费。所以,懂得及时清空心灵的垃圾,才能享受人生的每一处风景。

网上有一首小诗写得很好,和大家分享:

扫地扫地扫心地,心地不扫空扫地;人人都把心地扫,世上无处不净地。

 有感而发

刘备生前留给儿子刘禅的遗诏中说:"勿以善小而不为"。硅湖倡导的"扫除力"活动,就是"善小"而意义重大的素质教育!在硅湖,我们能看到很多具有"硅湖特色"的细节:教室里,每节课下课都会有同学自觉留下来检查、清扫;宿舍楼实行垃圾袋装化,每位同学都会将垃圾放在自己的纸篓里,下楼时顺手带到垃圾清运处;校园的角落里,我们经常看到"红马甲"志愿者在打扫卫生……

"扫除力"见证的是素养与关爱。我们要从清洁校园、净化身心到和谐硅湖、法治硅湖,我们是否可以做得更好呢?我想答案应该是肯定的!

▶ **扪心自问**

(1)我在"扫除力"方面做得如何?

(2)我怎样才能成为一个"善小而为"、明礼诚信的人?

名人名言

节制是一种秩序、一种对于快乐与欲望的控制。

——柏拉图

没有纪律，就既不会有平心静气的信念，也不能有服从，也不会有保护健康和预防危险的方法了。

——赫尔岑

感动体验："零容忍"宣言

【活动目的】

（1）通过活动，列出大学中最不能容忍的不文明行为。

（2）通过活动，让学生给予自己积极的心理暗示，想象一个更好的"自我"形象。

（3）通过体验，让学生树立不断完善自我、改变大学生不文明行为的信心。

【活动准备】

（1）多媒体教室一间。

（2）每个学生一支黑色签字笔。

（3）每人一张 A4 纸。

（4）助教（或学长）两人。

【活动导言】

有的时候发声不是因为自己受到了伤害，而是想让这个世界更加公平、公正。如果任由这个社会变得更糟而不说，那我们活着又有什么意义呢？

【活动过程】

（1）导师指引学生以小组为单位，围圈而坐。

（2）小组讨论"我最不能容忍的不文明行为有哪些？"。

（3）5～8 分钟后，助教分发 A4 纸。

（4）请各位同学根据讨论的结果填写"零容忍"宣言。

"零容忍"宣言

我是第_____组的_____，我来自_____（家乡）的_____家庭，今天我要以一名大学生的身份，在这里大声宣告：

我要成为一名诚信正直、有进取心、有法律意识的人，做一个值得交往且能以良好行为影响他人的人。从今天起：

我绝不容忍_____的行为；

我绝不容忍_____

笔记区

笔记区

的行为；

我绝不容忍＿＿＿＿＿＿＿＿＿＿＿＿＿＿＿＿＿＿＿＿＿

的行为；

……

创造校园文明行为从我做起，阻止校园不文明行为从我做起！

同学们，请相信我！

宣告人：　　　　　日期：

证明人：　　　　　日期：

感悟分享

（背景音乐）

1. 导语

"零容忍"，贵在一个"零"字，也难在一个"零"字。

真正实现对违规、违纪、违法行为的"零容忍"，从根本上说需要同学们具备高尚的情怀，尤其是要有敬畏法律的情怀。法律是成文的道德，道德是内心的法律。敬畏法律，既是对他人权利的尊重，也是对自身权利的珍惜。要怀着对母校的深厚感情，常虑校忧，常思己责。"零容忍"的严格执行，体现的是同学们对母校的尊重和保护。同学们只有具备敬畏法律的情怀、责任如山的情怀，在内心铸建强大的思想后盾，才能将"零容忍"进行到底！

下面，我们一起分享："零容忍"宣言。

2. 小组分享

以各小组为单位进行"零容忍"宣言分享。

3. 大组分享

由各小组推荐或自荐一名同学上台进行"零容忍"宣言分享。

亲历感言（学生填写）

(1) ＿＿＿＿＿＿＿＿＿＿＿＿＿＿＿＿＿＿＿＿＿＿＿＿＿

(2) ＿＿＿＿＿＿＿＿＿＿＿＿＿＿＿＿＿＿＿＿＿＿＿＿＿

(3) ＿＿＿＿＿＿＿＿＿＿＿＿＿＿＿＿＿＿＿＿＿＿＿＿＿

活动点评（老师填写）

(1) ＿＿＿＿＿＿＿＿＿＿＿＿＿＿＿＿＿＿＿＿＿＿＿＿＿

(2) ＿＿＿＿＿＿＿＿＿＿＿＿＿＿＿＿＿＿＿＿＿＿＿＿＿

(3) ＿＿＿＿＿＿＿＿＿＿＿＿＿＿＿＿＿＿＿＿＿＿＿＿＿

感恩结语

古人云："有才无德，其行不远"，意思是说一个人如果没有道德，他不仅不会成为社会和人民所需要的人才，还可能成为一个歪才；即使有本事，也可能会因其更高的智力和才力而对社会造成更大的危害。

古希腊哲学家赫拉克利特说过："请留心你的行动，因为行动能变成习惯；请留心你的习惯，因为习惯能成为性格；请留心你的性格，因为性格能决定你的命运。"

感谢同学们的分享！我也深受教育和感动！我也请求加入"零容忍"队伍，对所有不文明行为 Say No！

名人名言

勿以恶小而为之，勿以善小而不为。惟贤惟德，能服于人。

——刘备

在一个人民的国家中还要有一种推动的枢纽，这就是美德。

——孟德斯鸠

感奋践行

（1）写一文：《我与法》。

（2）做一事：以小组为单位，开展"'扫除力'倡议书"活动，下次课作活动情况讲评。

名人名言

执行法，比制定法更重要。

——杰弗逊

人不能像走兽那样活着，应该追求知识和美德。

——但丁

拓展阅读

阅读一

上胜町：日本零垃圾小镇

世界上有许多人采用零垃圾的生活方式，也有一些人因此而出名。但很少有一整个社区贯彻实施零垃圾的理念。而日本上胜町的居民们非常认真地对待回收，他们希望到2020年的时候能成为日本第一个零垃圾社区。

上胜町没有垃圾桶，居民们必须将他们的剩饭剩菜堆在家里。他们也必须将垃圾洗干净并仔细地分成34类，然后自己把垃圾带到回收中心。回收中心的工人们要确保所有的垃圾进入了正确的垃圾桶。显然这耗费了居民们很多时间来习惯这一规则，但他们最后习惯了这样翻天覆

笔记区

笔记区

地的转变，现在已经将它看作日常事务了。

这个日本小镇已经将回收变成了流水线作业，就连纸制品都由不同的桶来分装，报纸、杂志、纸箱和传单绝对不在一处。就连塑料瓶和它们的盖子也会进入不同的桶里面，更别提铝合金、喷雾瓶和不锈钢罐子了。许多物品会被重新出售或者重新利用，做成可以使用的衣物、玩具和配件。每个桶上面会标注特定项目将要进行的回收程序，这样居民们就会知道他们的垃圾会有怎样的"经历"。

上胜町非常鼓励再利用，当地有 Kuru-kuru 店铺，居民们可以在这里免费交换用过的东西。同时，Kuru-kuru 工厂会雇用女性利用废弃物来制作袋子、衣服和填充玩具。各个公司也被鼓励参与到负责任的垃圾管理中，这个小镇有一间零垃圾啤酒厂，厂房是一栋由可再利用材料建造而成的建筑。

上胜町仅有 1 700 多人，其垃圾回收率已达到 80%，仅 20% 的垃圾会被填埋，小镇已经非常接近它的目标了。居民们自 2003 年宣布他们的零垃圾目标后，13 年来一直在践行谨慎的垃圾管理方式，放弃了他们之前用火烧垃圾的方法。

小镇某居民在 YouTube 里的一个视频中表示："如果你习惯了这样的生活方式，那么它就会变得很正常。刚开始可能会很痛苦，我们一开始很反对这个主意。现在我根本就不会注意到它了。正确给垃圾分类已经变成了理所应当的事情。"

上胜町的回收设施均由 Zero Waste Academy 管理，该组织还常常带领当地学生和外来游客参观，告诉他们零垃圾生活方式的好处。每年，该组织都要接待来自全世界的 2 500 多名游客，所有人都希望了解更多零垃圾知识，以及上胜町是如何在短时间内成功地向居民们灌输这个原则的。

阅读二

酒后伤人，大学生涉罪

"悬在心里的一块石头，在毕业前夕落下了，司法的温度和检察的力度，让我们脱胎换骨，可以再度有梦、追梦。"这是四名涉罪大学生高瑞、于炜、卢姚、林方（均为化名）在检察官对他们宣布不起诉决定时说的话。后来，"福建检察"官微讲述了检察官为挽救四名涉罪大学生而奔忙的故事。

酒后伤人，四名大学生涉罪

高瑞等四人是福建某高校学生。2017年11月下旬的一天凌晨三点，四人排练完街舞后聚餐饮酒，回到学校门口时与陈勇（化名）等人发生口角，进而动手，致陈勇轻伤。

2018年6月11日，案件移送福清市检察院审查起诉。四名大学生的心悬了起来，时常有一种焦虑感相伴随：人生处于十字路口，检察机关的决定，事关个人前途命运。

"他们当中有三人即将毕业，我们所做的就是要加快办案节奏。"福清市检察院副检察长何明忠表示，他们都已认罪，可简化审查程序，缩短办案时间，赶在毕业前夕作出处理决定。

办案检察官陈肖旭介绍，此时，离大学毕业仅剩10日，而要做的工作还有很多：调查走访学校师生、讯问犯罪嫌疑人、听取被害人意见、制作法律文书……

为全面了解四人平时的表现情况，检察官和助理一大早就驱车近一个小时赶往学校。

"他们平时在学校表现不错，出了这事我们都很震惊。林方是个善良、懂事的孩子，他是校学生会干部且成绩优异，曾主动放弃申请奖学金的名额，将机会让给其他生活更为困难的同学。"一位校领导惋惜地说。

"案发后，高瑞等人为自己的冲动行为后悔不已，积极赔偿被害人损失并获得谅解。由于林方家庭较为困难，院长还为其垫付了6 000元赔偿款。"林方所在学院的辅导员如是说。

"高瑞、于炜、卢姚平常和我们同学的关系很融洽，这次可能是酒喝多了，一时冲昏了头脑。"一名同班同学边说边摇头。

从老师、同学的口中，检察官了解到四人平时在校表现良好，与人为善，性格开朗。案发后，高瑞等人深表忏悔，及时联系被害人，商量赔偿事宜，并主动向公安机关投案自首。

认罪从宽，检察官办案提速

"本案系偶发矛盾引起，有自首情节，也取得了谅解，四人没有犯罪前科，处理时应以教育为主、惩罚为辅，希望能够帮助当事人顺利回归社会。"多方考量后，检察官提出对该案适用认罪认罚从宽制度作不起诉处理的意见。

为确保案件办理公开、透明，释法说理充分，6月14日，该院召开不起诉案件公开审查听证会，通知被害人、犯罪嫌疑人及家长到场，邀请经办民警、人大代表、值班律师、机关工委干部、校方代表等20余人

笔记区

参加。

听证会上，检察官全面阐述了本案事实、证据及法律适用问题，并对不起诉理由作了详细说明。四名犯罪嫌疑人当场向被害人表达真诚的歉意，双方握手言和。

听完检察官的介绍，与会人员表示，该案犯罪情节较轻，如果四名大学生因为该案被判刑，将会被学校开除学籍，对其今后的人生道路产生较大影响。最终，大家一致同意对该案作相对不起诉处理。

"拟不起诉案件公开审查，让我们感受到了检察机关认真负责的态度，感受到司法的公正和温度。"一名参与听证的人大代表为这种公开审查方式点赞。

当日，案件先后被提交至检察官联席会议、检察委员会研究讨论，综合案情和公开审查意见，决定对该案作不起诉决定。

最后一课，法治声音在高校报告厅响起

案件已办结，但他们四人淡薄的法律意识却成了检察官的一个心结。陈肖旭告诉记者，在讯问环节，他们对案件还要送检察院审查起诉感到疑惑，认为赔了钱，案就结了。即将走上社会的大学生对法律的无知和误区，让检察官有些意外，深感"需要补上一课"。

6月20日下午，陈肖旭带着自己多年的办案心得，前往四名大学生所在的学校开展"法治进校园"普法宣讲活动，在学术报告厅为即将毕业的200余名大学生以案释法，送去了别开生面的"最后一课"。

"这堂法治课上得非常及时，也很有必要。如果能让法治的声音早一点响起，知法守法的人多了，违法犯罪现象就会减少，家庭会更幸福，社会会更和谐。"

"原先觉得法律离自己挺远的，听了陈检察官的课，才发现法就在身边，只有心中有法，敬畏法律，人生才能行稳致远。"课后，许多大学生有感而发。

毕业前夕，检察官宣布不起诉决定

6月22日上午，四人所在高校举行毕业典礼。高瑞等四人参加典礼结束后，来到学校的一个会议室里。此刻，检察官正等候着，为他们举行另一个仪式——不起诉宣布仪式。

"你们是一群性格开朗的男孩，在青春躁动的年纪，有时意气用事，或迷失方向，甚至在不知不觉中犯下大错、触犯法律。希望你们吸取教训，遵法守法，做一个懂感恩、勇担当、敢追梦的青年！"检察官再三叮嘱。

"明天，我们将走向社会。感谢检察院给我们改过自新的机会，我们一定不辜负父母、老师和检察官的期望……"听了检察官宣布的不起诉决定，他们表示，检察院的一纸决定，改变了他们一生的命运，他们将铭刻在心，一生珍惜。

阅读三

实现中国梦必须锤炼高尚品格（节选）

中国梦是民族振兴的梦。民族振兴，绝不仅仅是经济实力的提升，也应当是精神世界的提升。高尚的道德和品格，是青年人成长首先必须追求的目标和素质。只有精神高尚，才会心中装着人民，才能为人民利益奋斗，才能面对诱惑保持内心的安宁和行为的端正。

锤炼高尚品格，青年作为领时代风气之先者，不仅要科学认识、自觉弘扬爱国主义、集体主义等社会主义核心价值观，也要明了什么是社会公德、要遵守什么样的职业道德、遵循什么样的家庭美德。正确的道德认知是青年建功立业、成长成才的基础。青年人要培养正确的道德认知，必须内心常保警惕，善于防腐拒变。同时，社会要积极为年轻人提供健康和谐的社会环境影响，教师和家长要善于对青年人进行正确教育和引导，同时要充分发挥榜样模范的激励和示范作用。

锤炼高尚品格，还必须有自觉的道德养成。在纷繁复杂、诱惑频出的价值多元的时代，加强自身道德修养，绝非一件易事。青年人必须善学，善于向品格高尚的人学，善于吸收传统文化中的真善美，并坚持求真向善。"吾日三省吾身"，善于反思，才可能实现知行合一，养成积极的人生态度、健康的生活情趣、良好的道德品质，并将其贯穿到自己的青春奋斗历程中，贯穿到自己的为人处世中，努力成为一个品格高尚的人、一个脱离低级趣味且积极向上向善的人。

锤炼高尚品格，还必须有积极的道德实践。"知易行难"，人生之路，有坦途有险阻，青年人面临的选择很多，选择吃苦也就选择了收获，选择奉献也就选择了崇高。坐言起行，在实现中国梦的征程中，我们更需要积极行动的巨人，需要主动担当社会责任的青年一代，需要善于关爱他人的青年一代，需要勇于扶贫济困、扶弱助残的青年一代，需要做好事善事实事、建功立业不避细流、不拒点滴小事的青年一代。

奉献的青春最充实，拼搏的青春最无悔。品格高尚，才能青春勇担当，青年一代只有将正确的道德认知、自觉的道德养成、积极的道德实践结合起来，才能成为良好社会风气的倡导者、践行者，成为实现中国梦的伟大推动者、重要参与者。

笔记区

模块六

感动硅湖

感性导言

（背景音乐）

感动，是车站外"硅湖欢迎你"的横幅和接站老师挥动的手！

感动，是报到时东南东大厅里穿着"志愿者"红马甲、满头是汗的学长！

感动，是宿舍门伸进一张满脸兴奋的脸，用脆生生的乡音说"我是你老乡"！

感动，是军训教官湿透的军装、嘶哑的口令和走调的歌声！

当然，还有父母的叮咛、朋友的问候和辅导员的关心……

感动，无法预订，也无法奢求，它总是在不经意的一瞬间轻轻触动心灵，让人铭记于心。

感动是暖暖微风，轻轻摇动你心中的风铃；感动是层层波浪，温柔拍打着你心中的峭壁；感动是悠悠笛声，在深谷中吹奏，与竹影、清泉、野花交融成心中的一首歌！

名人名言

我笑，便面如春花，定是能感动人的，任他是谁。

——三毛

只有真的声音，才能感动中国的人和世界的人；必须有了真的声音，才能和世界的人同在世界上生活。

——鲁迅

感人案例

案例一

不放弃：用微笑迎接明天

朱晓（化名），一位出生于1990年的泰州女孩，2009年考入硅湖职业技术学院计算机应用技术专业。

2009年时上硅湖并不容易，需要高考分数。说来，别人家孩子考上大学，大家都兴高采烈！可朱晓考上大学，全家人却相视无言、满面愁容。因为家境贫寒，父母身体不好，欠着几万元的债，还有一个上中学的弟弟，全家仅靠父亲在外地打工、母亲在家务农的微薄收入维持生活。为此，家人一度考虑不再让她上学，因为她和弟弟同时上学，家里的经济压力实在无法承受。

然而，正在她为可能丧失上大学的机会而痛苦时，却意外接到硅湖学院招生办老师的电话，一句"决不能因为家庭困难让一位硅湖新生丢

笔记区

失入学机会"，让她感动得热泪盈眶！老师还详细讲解了相关助学政策和申请流程，为她开通"绿色通道"，先保证入学，再设法通过助学贷款、困难补助和争取奖学金等手段来解决上学和生活的经济困难。她的父母、亲友顿时愁云消散，她的中学同学也都很为她高兴。

人们常说生活的困境会磨炼人、激励人。朱晓进入大学后，在认真完成学业的同时，坚持利用晚上和节假日做兼职，挣生活费。学费则通过申请助学贷款和困难补助解决一部分，其余学校同意缓交。坦率地说，那段时间里，朱晓十分辛苦，要上课，又要打工，时间上、体力上、思想上都很紧张。但她坚持下来了，因为她非常珍惜硅湖给她的学习机会，感恩老师和同学对她的精神鼓励和经济帮助，这激发了她不断进取的动力，使她终于顺利完成了三年学业，拿到了来之不易的大学专科文凭，还获得了国家奖学金、院三好学生和院优秀团干部等荣誉。

在硅湖，这样的故事有很多。董事长史宝凤博士就曾匿名资助过百余位经济困难学生完成学业，还多次带头为身患绝症的学生家长捐款。2017年学校为51名贫困学生减免学费，并配合地方政府开展助残活动，减免学费接纳10名残疾学生入学，助其圆梦高校。

朱晓，就是硅湖大爱育人的体验者和受益人！希望她今后也能凡事为爱付出，一生幸福。

 有感而发

温暖硅湖，大爱育人。

我们希望用我们的全心付出，让学生在感动中提升道德认知，懂得爱、原谅和关怀，学会感谢、感恩和感动，愿意为爱付出，愿意倾力助人，让立德树人在感动中落地生根、悄然萌芽。

▶ **扪心自问**

（1）我在硅湖有没有遇到过让我感动的事或者令我感动的人？
（2）我怎样做才算凡事为爱付出？

名人名言

我要扼住命运的咽喉，它决不能使我完全屈服。

——贝多芬

危难是生命的试金石。

——希罗科夫

案例二

不抛弃：伸出双手，爱心传承

李俊伟（化名），苏州男孩，硅湖职业技术学院工商会计专业学生。

他学习刻苦，成绩优良，与同学相处融洽，是老师和同学心目中公认的好学生。

2009年3月12日夜，李俊伟同学感觉身体不适，有头晕症状。开始时以为是学习太累，需要休息，但一直不见好转。3月16日去苏州大学附一医院就医，被诊断为"急性淋巴细胞白血病"，并于当天住院治疗，急需几万元的治疗费用，但因家庭困难，无法支付。

3月19日，2008级党支部召开支部大会，审议阎源、徐俊、陈亮等11位同志预备党员的转正事宜。得知这个消息后，11位刚刚转正的毕业生党员自发捐款，其中阎源（原工商系会计051班）捐款100元，徐俊（原土建系园林052班，现在苏大读专接本）捐款100元，陈亮（原工商系物流055班）捐款50元，马壮（原工商系会计054班）捐款20元……他们刚刚踏上工作岗位，有些还在继续求学，尽管钱款不多，但感动了在场的所有党员同志，他们也立即纷纷加入捐款的行列，同时通过学团组织，向全院师生发出号召，"伸出爱心双手，传递温暖"！

倡议得到全院师生的热诚响应，大家用各种方式自愿捐款。不论捐助多少，都是大家献出的一份爱，希望为病重的李俊伟同学送去鼓励和信心！

他们的爱心行动让李俊伟非常感动，表示不会辜负大家的关爱，一定振作精神，配合医生积极治疗，争取战胜病魔，早日重返硅湖校园。

 有感而发

每个生命都是珍贵的，都是家人的希望、亲友的快乐！

疾病无情人有情！面对身边师长、学友罹患重病或突发灾祸，硅湖师生从不会袖手旁观！

每次东南东大厅挂出捐款横幅，手机上硅湖公众号发出救助号召，我们的领导、老师、职工都会踊跃参与捐款，奉献爱心，不让我们亲爱的同学轻言放弃生命，不让他们的家人因为资金不足而束手无策！

爱是什么？爱就是困境中的温暖阳光，爱就是病痛中的精神抚慰！爱就是从心底自然发出的善良与关爱。有道是"只要人人都献出一点爱，世界将变成美好的人间"！

▶ **扪心自问**

（1）若遇到这种情况，我会伸出援手吗？
（2）我遇到困难，人家会愿意帮助我吗？

名人名言

世界上能为别人减轻负担的都不是庸庸碌碌之徒。
　　　　　　　　　　　　　　　　　　——狄更斯

你要记住，永远要愉快地多给别人，少从别人那里拿取。
　　　　　　　　　　　　　　　　　　——高尔基

笔记区

案例三

三位"硅湖学子"的故事

在美丽的硅湖校园,有许许多多令人感动的故事。

2010年初夏,在硅湖一年一度的教学成果展开幕式上,院长顾定红、党委书记陈伟鸣和常务副院长计宗良走上舞台,向在场领导、嘉宾和师生分别介绍了三位"硅湖学子"的感人故事。

陈书记介绍的是一位女生,她是工商系会计073班的一位学生党员、优秀学生干部,她的名字叫杨丽。

杨丽不仅勤奋好学、成绩优秀,而且心地善良、品德高尚。她因学业优秀,获得了5 000元的国家励志奖学金。她用2 000元购买了58套棉内衣和116双棉袜,捐献给了花桥敬老院的老人;又捐出2 000元资助工商系的两位贫困学生;此外,又捐出1 000元,资助了苏州市阳山实验学校四年级身患白血病的许家怡小朋友。她以自己的行动,践行了硅湖校训,担当了责任,获得了荣誉,成为感动硅湖的"80后"优秀代表。后来毕业留校,现在是一名优秀的硅湖员工。

顾院长介绍的是人称"董刷刷"的董伟旭同学。董伟旭同学在学习之余,怀揣"做小事成大业"的梦想,贴出海报,为学生宿舍有偿洗刷厕所。开始很多人对他冷嘲热讽,家长知道后也不理解。但他坚守承诺,承受了常人无法体会的艰辛和压力,最终以出色的服务赢得了全校师生的敬佩和尊重,还组建了服务团队!他家乡的《淮安日报》还特地为他做了整版篇幅的长篇报道,毕业时被用人单位竞相争聘。

计院长介绍的是2007级机电专业学生陈伟旭。陈伟旭是学校跆拳道协会的会长,他自己还策划并争取社会资金,尚未毕业就已在学校对面的启航社区,成功创办了正德跆拳道馆,由于技术专业、服务周到,很快拥有固定会员300多人,成为大家敬佩的创业达人。

他们的事迹感动了所有人。苏州市教育局领导说:"学生的成人、成才、成长,都是我们的办学成果,三位学子的故事就是硅湖教育理念最生动、最有效的体现。"

 有感而发

这三位硅湖学子所展示的精神风貌，凝聚了我们硅湖许多优秀教育工作者为学生成长所付出的大量心血。20 年来，硅湖许多可亲可敬、令人敬重和感动的教师、辅导员、机关工作人员和后勤职工，为了学生的成人、成才、成功，认真履职，以身作则，在平凡的工作岗位上、默默耕耘、无私奉献。他们是硅湖的脊梁！

我希望并坚信，有这些敬业、尽责的"硅湖园丁"的辛勤付出，在美丽的硅湖校园里，在今天在座的新一代可爱的硅湖学子中，一定会涌现出更多像杨丽、董伟旭、陈伟旭这样优秀的学生，成为新时代的建设者和接班人，成为母校和他们家庭的光荣和骄傲！

▶ 扪心自问

（1）我愿意做杨丽、董伟旭和陈伟旭中的哪一位呢？
（2）我有没有做过让别人感动的事，说过令别人感动的话？

名人名言

一朵鲜花打扮不出美丽的春天，一个人先进总是单枪匹马，众人先进才能移山填海。

——雷锋

一个人即使已登上顶峰，也仍要自强不息。

——罗素·贝克

感动体验：我最感动的事（人）

【活动目的】
（1）让学生善于发现身边值得感动的人和事。
（2）提高学生的感动能力。
（3）让学生懂得：能发现感动的人，一定是感动人的人！

【活动准备】
（1）多媒体教室。
（2）将学生分成若干组。
（3）每人一张 A4 纸和一支笔。
（4）助教或学长两人。

【活动导言】
著名艺人刘德华曾说："生命中遇上的每一个人，全是我生命中的老师，为我上人生每一课。街上的一个路人、报上读到的一则新闻，看到一部好电影，甚至一本著作，一粒饭，一杯水，一个笑话，一次感动落

笔记区

笔记区

泪,这些都能让我领略人生。当你勇敢面对生命,尽能力开山劈石之后,相信我,有一天你回头再看,展现在你眼前的必将是'天大地大、海阔天空'。绝对没有后悔。"

生命中不缺少感动,只是缺少发现!

感动需要发现!现在就让我们开启感动之门,发现感动,让自己成为感动人的人!

【活动过程】

(1)优美的音乐声起,闭目不言,让思绪随音乐飞扬(1分钟)。

(2)睁开眼,然后认真在纸上写下一个令人感动的事或一个令人感动的人(4分钟)。

(3)按小组围圈而坐。

感悟分享

(背景音乐)

1. 导语

我们听了泰州女孩朱晓的故事、苏州男生李俊伟的故事,以及杨丽、董伟旭、陈伟旭的故事,有人感动,有人无动于衷,这是为什么呢?

刚才,我们听刘德华说:街上的一个路人、报上读到的一则新闻,看到一部好电影,甚至一本著作,一粒饭,一杯水,一个笑话,都能让他领略人生的真谛,让他感动落泪,你会吗?

事实上,感动是一种能力,不善于发现身边令人感动的人,情商一定低,很难获得别人的关心和帮助;感动是一种素养,善于发现令人感动的人,一定常常令人感动,是个高情商、有人缘的人!

2. 下面让我们分享"最令我感动的事(人)"

(1)记忆中,你曾有过最让你感动的事或者令你感动的人吗?

(2)你觉得你是一个容易被感动的人吗?

(3)你在本次活动中的感悟是什么?

3. 小组分享

以小组为单位进行感悟分享。

4. 大组分享

由各小组推荐或自荐一名同学上台进行感悟分享。

亲历感言(学生填写)

(1)_____

(2)_____

(3)_____

活动点评(老师填写)

(1)_____

(2)_____

(3)_____

感恩结语

于永正，著名特级教师，因患白血病于 2017 年 12 月 8 日去世。

他一生钟爱教育，视课堂为生命，视学生为知音。他曾经说过这样一段话，我想与你们一起分享："上好第一节课。要精心备课，把教材装在心里，准备好教具。一旦学生安静下来，要尽可能地展示自己的特长和才能。如开头的一段话要热情洋溢；板书的第一个字让学生为之赞叹；第一次朗读让学生为之感动；丰富的表情和机灵的眼神吸引住学生；得体的幽默让孩子笑起来；充满爱意的一次抚摸让学生感到亲切；教学方法的变化让学生感到有趣，使他们注意力集中。如此，你就成功了。如果这样，而且今后也不懈怠，我敢说，你绝对成功了。"

这段话，我常常读，用来激励自己，感动自己！因为，只有做到像于永正老师那样，才算是一名称职的老师，才有资格教这些可爱的孩子！

谢谢大家刚才的分享，让我更想当好老师！

名人名言

我愿证明，凡是行为善良与高尚的人，定能因之而担当患难。

——贝多芬

我就是一个很爱唱歌的人，人们现在越来越不容易被感动，我希望我能用我的歌声感动他们。

——刘若英

感奋践行

（1）写一文：《记一位让我感动的人》。
（2）做一事：试着做一件让人感动的事，不管别人是不是感动，但至少自己用心做了！

名人名言

感动就是生活。

——亚当·桑德勒

我们体会到的感动都是自己生命里幽微的细部。

——几 米

拓展阅读

阅读一

学雷锋，这个战士感动了"最美教师"

董克祚，是我校经济管理学院工商管理专业 133 班毕业生，该生

笔记区

笔记区

2013年入学，2015年在校加入中国共产党，2016年6月毕业，同年参军入伍，2017年在部队荣立三等功一次。

董克祚同志在校表现优秀，入伍后他同样严格要求自己，争先创优，刻苦训练，争做楷模。董克祚的座右铭是"弘扬雷锋精神、争当雷锋传人，做习主席的好战士、砺能打仗热血尖兵"。2015年以来，他一直通过轻松筹、水滴筹和腾讯公益等平台进行爱心捐助。来到部队后，更是系统学习了雷锋精神，时时处处事事向雷锋看齐。他入伍后，每月从不足千元的津贴中拿出300元，一对一捐助一名素未谋面的贵州省贵阳市华侨中学贫困生。2017年12月，董克祚通过网络媒体了解到安徽省"最美教师"武升锦扎根山村教书育人35年的感人事迹后，决定用自己的实际行动帮助他们，让孩子们感受到温暖。如今，董克祚已与连队战友先后三次为草场小学捐赠棉衣、棉鞋和文具。学雷锋日，他又购置了一批文体器材、雷锋精神书籍交到孩子们手中，并为孩子们讲述雷锋故事。

因董克祚的优秀表现，部队领导给予了充分肯定和嘉奖，《解放军报》以《学雷锋，这个战士感动了"最美教师"》一文专题报道了他的先进事迹。

董克祚的事迹正是我校"立德树人"办学理念和"责任、荣誉"校训的集中体现，希望我们以董克祚同志为榜样，以德立身、以德立学，争做新时代楷模，为学校增光添彩。

阅读二

生命因搏击而精彩

2007年9月，衣着朴素、靠办理贷款入学的邵琳琳引起了班主任的注意，后经了解，得知她来自山东菏泽，父母以务农为生，家中还有弟弟和妹妹在上学，父亲因患脑溢血而留下了后遗症，劳动能力低下，吃药打针不断，父母微薄的收入难以支付家中巨大的支出。邵琳琳为了节省家用，经常每顿都是一个馒头加一点咸菜，自卑情绪严重，数次产生退学的念头。细心的班主任老师通过与她多次谈心，得知她符合贫困生的认定条件，后来经过班级同学的民主评议，顺利地将她认定为家庭经济特殊困难学生。在随后进行的国家助学金的评选过程中，邵琳琳经过个人申请、民主评议获得了国家一等助学金，这对家境贫寒的邵琳琳来说无疑是雪中送炭。

自强懂事的邵琳琳信奉一句话："自己可以改变自己"。她坚信无论身处何时、何地，只要想改变自己，那就从现在开始，永远都不晚。节假日、寒暑假，当别的同学回家与父母团聚或外出旅游的时候，校内勤工俭学基地、超市、电子厂里都能看到邵琳琳埋头苦干的身影，大专三年的时间，她没有向家里要过一分钱，还常常把打工所得的节余寄回家中。

无论课余打工时间多么紧张，邵琳琳在学业上都没有丝毫的放松，每天天刚亮她就起床开始晨读。晚上10点，在教室楼管大爷的一再催促下她才回到宿舍。付出终究会有收获，在校期间她的学习成绩一直位列班级第一，先后获得学院"优秀学生标兵""优秀共青团员"等荣誉称号，并在大二、大三期间因成绩突出、表现优异，先后两次获得"国家励志奖学金"。

2010年3月，专升本考试成绩公布，邵琳琳被枣庄学院录取，她深知这只是开始真正人生的第二步，无时无刻不在提醒自己要再接再厉。克服了从高职院校到本科院校学习的种种困难，她以坚忍不拔的毅力刻苦学习，在第一学期期末的考试中，她的成绩从倒数一跃成为班级第二。而且，她并没有因为一次的成绩而骄傲自满，反而对自己要求更加严格。打工一有间隙便拿出课本学习，并从此将第一名的成绩保持到毕业。她认为命运是公平的，虽然自己的出身和家境无法选择，但努力却可以改变今后的人生轨迹。在枣庄学院期间，她先后获得优秀学生、优秀共青团员等荣誉称号，并多次获得学习优秀奖学金。2012年6月，邵琳琳如愿接到了北京第二外国语大学的录取通知书。

回顾几年来的求学历程，家境贫寒的邵琳琳感触颇深，是老师的爱心和国家对于贫困学生的资助政策，让她从濒临退学的边缘逆流而上，最终成了某一领域的优秀人才，而她的成长成才凝聚了太多奋斗的汗水和满满的关爱。一路走来，她始终坚信：生命因搏击而精彩，只要奋斗就有希望！

阅读三

背着养母上大学

2012年2月3日晚，"感动中国2011年度十大人物"颁奖盛典在北京举行。为新中国核事业做出巨大贡献的科学家朱光亚、在危急时刻奋力救下坠楼婴儿的最美妈妈吴菊萍当选本届"感动人物"。而其中年龄

笔记区

笔记区

最小的一位，正是"90后"大孝女孩孟佩杰。

八岁女孩撑起一个苦难的家

这个瘦瘦小小的女孩，脸上稚气未脱，看起来更像是个十五六岁的少女，其实她已经是名大三学生。体重只有88斤①的佩杰，每天都要把146斤重的母亲从病床上背起来，熟练地放到轮椅上，然后推到病房外晒太阳。母亲的病友们不禁心疼地问："你这么瘦弱，每天将妈妈背上背下的，累吗？怎么不让爸爸来？"女孩含笑回答："已经背了很多年，我早就习惯了，一点都不累！"她对父亲避而不谈。谁能想到，这对母女根本没有血缘关系，而佩杰的养父已经离家出走10多年了。

1991年11月，孟佩杰出生在山西临汾市隰县一个贫困农家。她五岁那年，父亲因车祸离世。更为不幸的是，体弱多病的母亲随后又查出了绝症，眼看时日无多，母亲就想把小佩杰送给别人抚养。

因乐善好施，在隰县老干局工作的刘芳英是当地出了名的热心人。听说她早就有收养一个女孩的愿望，佩杰的母亲就找到刘芳英，想把五岁的女儿托付给这位好心人。后来，刘芳英接纳了这个苦命的孩子。当天晚上，佩杰就喊刘芳英妈妈，把这个不曾有过孩子的女人感动得当场落泪。

不久后，佩杰的生母病危住院，善良的刘芳英带着孩子在医院守护她几个月，陪伴女儿的生母走完了最后一程。"一定要听新妈妈的话，要懂事……"临去世的时候，母亲攥着佩杰的小手说。女孩拼命点头，号啕大哭。

随后的日子里，乖巧的佩杰给刘芳英的家庭增添了不少欢乐。而养父母无私的爱也让佩杰感受到了家庭的温暖，她觉得自己幸福极了。

然而好景不长。1998年，刘芳英患上了椎管狭窄症，虽然经过手术保住了性命，却从此瘫痪在床。一年后，丈夫不堪生活压力，竟抛妻弃女离家而去，从此杳无音信。

这一年，佩杰只有八岁。这正是孩子在父母的百般呵护中幸福成长的年纪，而她却要用稚嫩的肩膀担起照顾瘫痪母亲、支撑起一个家的重任。

冬天要烧炉子，佩杰每天早早起来给炉子添炭、掏灰。当时她还没有灶台高，只能踩在小凳子上生火做饭，不知道摔了多少跤，烧伤了多少回，但她从没喊过疼。她每天还要为母亲洗漱穿衣，喂饭敷药，换洗被褥，倒屎倒尿……到市场上买菜时，由于分不清各种蔬菜，佩杰就在养母指点下把它们的特征编成了顺口溜："圆圆的是蒜、长长的是葱、扁扁的豆角绿茵茵……"

娘儿俩仅靠刘芳英微薄的病退工资生活，难免捉襟见肘，有时家里没钱了，佩杰就自己出门去找街坊邻居借。更可贵的是，佩杰不仅用孝

---

① 1斤=500克。

心和毅力支撑起了这个风雨飘摇的家,在照顾母亲和做家务的同时也没有耽误学习,她每次考试都在班上名列前茅。

可是,刘芳英在身体和心灵的双重打击下,感到万念俱灰。"我这样活下去,就是拖累女儿啊!"刘芳英想到了自杀。她以成天睡不着觉为由,托邻居分多次买了40多粒安眠药,打算结束生命。

17岁养女背着妈妈上大学

刘芳英的自杀企图最终没有得逞。当她把安眠药悄悄藏于枕头下面时,恰好被买菜回来的佩杰发现了。她一把抢过母亲手里的药说:"妈妈,你这是干什么啊!你走了我就真成了没人疼没人管的孩子了……"性格坚强的佩杰第一次在刘芳英面前放声痛哭起来。刘芳英只好答应女儿,以后再也不干傻事。尽管如此,佩杰还是将家里的刀具、锐器等都藏了起来,生怕妈妈再有什么闪失。这个暑假,懂事的佩杰陪在妈妈身边,一刻也不敢离开。

然而,整日卧床的刘芳英心情郁闷,有时,她的烦躁无处发泄,便会借故对佩杰破口大骂。但佩杰从来不和妈妈顶嘴,刘芳英心情不好时,佩杰就给妈妈讲故事讲笑话,挤眉弄眼逗她开心。有一次看到妈妈默默流泪,佩杰竟像个大人似的鼓励她说:"妈妈别怕,有我呢。书上说了,只要精神不滑坡,办法总比困难多!"

佩杰过九岁生日这天,刘芳英给她10元钱,让她买个小蛋糕吃。没想到放学回家时,佩杰手里却拎着刘芳英最爱吃的芹菜和一斤猪肉,说:"我讨厌吃甜食,有这10元钱够给妈妈包一顿饺子了。"而实际上,蛋糕是佩杰最爱吃的零食。

转眼到了2009年,成绩优异的佩杰被山西师范大学临汾学院录取。但学校离家250余里①,自己走了,谁来照顾瘫倒在床的母亲呢?佩杰想来想去,决定放弃学业。但以女儿为荣的刘芳英坚决不同意,她生气地说:"傻孩子,你怎么能半途而废呢,以后不准再提这件事!"继而,刘芳英又缓和了语气安慰女儿:"放心吧,你走了也没事,我锻炼锻炼一个人生活能行的。"孝顺的佩杰,自然不放心母亲一个人在家生活。

考虑再三,佩杰毅然做出了一个令人惊讶的决定:带着养母去上大学!

2009年8月,在向邻居筹借到几千元学费后,佩杰背着养母走进了象牙塔。她在学校附近租下一间九平方米的房子,这间陋室虽狭小又潮湿,可母女俩总算在异乡有了栖身之所。由于小屋里仅有一张单人床,佩杰只得在床边放两条凳子,再铺上几块木板,为自己搭了个床铺。房间里还有一个简易灶台,既可以用来做饭炒菜,又能够当餐桌。

从此,佩杰每天奔波于学校和出租屋之间,开始了忙碌得像打仗一样的大学生活。为了维持生活和给母亲买药,本来已经在学校食堂打着

---

① 1里=500米。

笔记区

一份工的佩杰，晚上又做起了家教。

她拿着省吃俭用剩下来的钱给刘芳英买新衣服，自己却一直穿亲友和同学淘汰下来的旧衣。在同龄女孩纷纷开始化妆打扮的时候，佩杰却连理发都舍不得，竟让女同学给自己剪了个最简单的学生头。"我得把有限的钱用在日常开支和妈妈身上。我少买件衣服，少吃顿好饭，她就能多买些好药，少遭点罪。"听了佩杰的话，那个为她理发的同学当场就哭了。

"最美姑娘"感动中国

当了解到佩杰的情况后，一些同学纷纷带着礼物来看望刘芳英，并表示愿意在课余帮她照顾养母；社会上的不少热心人也主动登门，要为这对母女捐款捐物。但出人意料的是，要强的佩杰婉拒了大家的好意，坚持要靠自己的双手养活母亲。房东不解地问她："哪怕同学们帮你做顿饭也能减轻你的负担啊，为什么不接受呢？"佩杰搂住刘芳英的脖子说："我娘只爱吃我做的饭！再说了，社会上还有比我们更困难的人，我有手有脚，不能依赖别人。"

佩杰成了很多同学的榜样，学校特批了3 000元助学金，希望能减轻这对母女的压力。太原一商家表示，愿每个月给孟佩杰汇一笔生活费。在大家的一再劝说下，她才接受了人们的帮助。

2011年年初，这个"久病床前有孝女"的故事开始在网络广泛传播。一时间，佩杰的事迹感动了无数网友，大家纷纷在论坛上为她跟帖祝福，赞誉她是"临汾最美姑娘"。一位网民写道："尽孝是一切善德之始，也是一切幸福之源。在坎坷的命运面前，我们不能失掉孟佩杰这般面对生活的态度。"

2012年，成为"感动中国十大人物"后，每天都有无数人在网上加孟佩杰为QQ好友，并纷纷在她的微博上留言："滴水之恩，当涌泉相报。你的大孝事迹，很好地阐释了这句话。""佩杰姐姐你要加油啊！你是我们'90后'的骄傲，祝福你和妈妈！"

模块七

平安硅湖

感性导言

（背景音乐）

平安是福！

出门在外，父母叮嘱最多的话就是"注意安全"！平安，是每个父母对孩子的期盼，是每个真正关心你的人给你的最真挚的祝愿！

大学生来自四面八方。大学生是家庭的希望，是社会的优秀群体，是国家的未来。所以大学的校园安全牵挂着千万个家庭，更牵动着社会关注的目光、敏感的神经！

硅湖作为省级"平安校园"，始终把学生的学习安全、人身安全、经济安全、心理安全放在心上、握在手中！因为，只有安全，我们才能坐在教室里安静地学习；只有安全，我们的父母才能安心地工作；只有安全，我们的家庭才会幸福、平安；只有安全，我们的社会才会和谐发展。

健康生活，珍爱生命，是你、我、他重要的核心素养。

名人名言

本来，生命只有一次，对于谁都是宝贵的。

——瞿秋白

生命是一张弓，那弓弦是梦想。

——罗曼·罗兰

感人案例

案例一

曹雨浩遭遇引发的安全思考

2018年3月16日晚，我校汽车服务与营销专业151班学生曹雨浩在实习下班途中，不慎撞上在非机动车道上停靠的大卡车，伤情严重，高昂的治疗费用，也使这个农村家庭陷入危机。我校工会、团委得知此事，立即组织爱心募捐，全校师生积极参与，慷慨解囊，纷纷献出自己的爱心，体现了我校师生团结互助、爱心奉献的精神。

与此同时，此次事故也再次敲响了实习安全的警钟，我们必须给予高度的重视！

实例1：某职校生实习时，因操作对象是台旧车床，且车床皮带轮防护罩缺失，学生在生产过程中不慎袖子被绞，经医院抢救后右手被截肢。

实例2：某校实习生，进入公司实习时，随指导师傅进行拌料操作。

笔记区

拌料过程结束后，带班师傅进入隔壁车间闲聊，留下实习生一人清洁该混合机中的剩余底料。实习生误启动了混合机，左手被卷入而导致残疾。

实例3：某校实习生许某，在实习现场，面对从未见过的1 000吨压砖机，在指导师傅不在场的情况下，开始安装工作，不料推料架突然倒塌，将躲闪不及的许某压个正着。

实例4：某职校汽车维修专业学生杨某，在维修一辆汽车时，要求该车司机配合进行挂挡、摘挡操作。在操作过程中，车突然向前滑行，杨某躲闪不及，被车撞伤，医院诊断为左股骨粉碎性骨折，软组织损伤。

从以上实例可以看出，实习生本人操作不当、学校安全教育不充分以及实习单位安全措施不到位等都可能是导致悲剧发生的原因。

为此，必须坚决消除不安全因素，增强安全意识，增加防范措施，最大限度防止实习中伤害事故的发生。

有感而发

保证学习安全，是职业院校一项极其重要的任务，是一件天大的事！

职业院校学生参与企业实习是一个必不可少的环节。大多数高职学生在实习过程中都要在企业的生产环境下，参与各种生产实习活动。这就必然要面临安全考验。

如果忽视安全教育，安全防范措施不到位，那么发生悲剧后，承担责任事小，但生命的价值无法衡量，生命的代价无法挽回！

安全第一！我们每一位教师、每一位学生都必须牢记在心！

扪心自问

（1）我的安全意识很强吗？
（2）我曾闯过红灯吗？

名人名言

谁把法律当儿戏，谁就必然亡于法律。

——拜伦

生命不可能有两次，但是许多人连一次也不善于度过。

——吕凯特

案例二

校园贷退出校园市场后（节选）

考生中的大部分将在九月走进他们的人生新阶段——大学。与上一届大一新生不同的一点是，他们将不会再遇到校园贷。

作为一名大学生，是时候拥有银行账户了，而信用卡无疑会为其个人征信添上重要的数据。

数据显示，2017年全国共有在校大学生2 695.8万人，大学生消费市场总规模超过6 000亿元。伴随着大学生群体消费需求的增长，他们的个人信用管理能力、财商知识学习愈来愈值得社会的广泛关注与正确引导。2017年，金融监管机构喊停不合规的校园贷，鼓励银行"正规军"进场，服务大学生群体。

2017年12月1日，互联网金融风险专项整治、P2P网贷风险专项整治工作领导小组办公室正式下发《关于规范整顿"现金贷"业务的通知》要求，网贷平台不得为在校学生、无还款来源或不具备还款能力的借款人提供借贷撮合业务。如今，互联网金融机构开展的校园贷已在大学校园中销声匿迹，但大学生的金融消费需求仍旧存在，校园贷撤离后，谁来弥补这一市场空缺？

银行已准备好！

2018年6月1日，中信银行发行大学生信用卡"校园IC卡"，该款产品通过为国内大学生提供专属、规范的金融服务，倡导合理消费、自主掌控的校园消费观，为学生今后走上社会、迈入职场开启"掌控新可能"的财商准备。不仅中信银行已开始行动，据经济观察网记者不完全统计，目前工商银行、建设银行等国有大行，以及招商银行、浦发银行、广发银行等股份制银行已发行近百种针对大学生群体的信用卡。

自2015年起，建设银行在落实相关规定的基础上，就推出了零额度学生信用卡，对于未落实第二还款来源的学生先核发零额度卡，学生可通过后补第二还款来源的方式释放信用卡额度。目前，已覆盖全国千余所高等院校。产品创新方面，建设银行陆续推出多款大学生信用卡产品：针对女性大学生群体推出了芭比美丽信用卡、Line Friends粉丝信用卡；针对男性大学生群体推出了龙卡JOY信用卡、变形金刚五主题信用卡；针对有付费知识视听需求的大学生群体推出了龙卡喜马拉雅FM信用卡。

2017年9月，广发信用卡在行业内率先推出大学生专属信用卡——广发摆范儿卡，以满足大学生的正常信贷消费需求，帮助大学生树立正确的信用观念和积累良好的信用记录。自发行至今，广发摆范儿卡已接受全国数万名大学生的办卡申请及业务咨询，用户遍布全国500多所高校。同时，年轻时尚的广发信用卡还积极与大学生做朋友，以讲座、比赛等多种形式深入参与大学生的活动。从2016年开始，广发信用卡就组织信用卡行业大咖走进校园，开展金融知识及信用消费宣导，引导学生树立正确消费观，珍惜个人信用。2017年举办的大学生实习真人秀大赛，覆盖了全国50所重点高校。工商银行自2017年发行"宇宙分期乐信用卡"之后，又在北京、上海、哈尔滨、武汉、南京、广州、成都、西安、杭州等城市多所大学发行"宇宙星座信用卡校园版"。

笔记区

有感而发

不知从何时起，号称"低利率、低门槛"的校园贷款频频出现在大

笔记区

学校园里。这种无须任何担保，无须任何资质，只需动动手指，填填表格，就能贷款几千甚至几万元的借贷方式受到不少急于用钱的学生青睐，但现实情况却是校园贷的负面新闻频频见诸报端。媒体将"校园贷"称为"校园害""校园DIE"，并发出质问："校园贷"究竟"贷"来了什么？

校园贷对于大学生来说并不陌生，甚至我们身边就有深陷校园贷并且无法从此泥泞中挣脱的同龄人。正值开学季，各大校园贷款平台又开始向大学生伸出"魔手"，它就像是糖衣炮弹，我们一不小心就会落入陷阱，并且会为此付出惨痛的代价。

▶ 扪心自问

（1）你若出现资金短缺的情况会怎么办？会去借"校园贷"吗？
（2）你了解关于借贷的法律知识吗？

名人名言

上当受骗，不要怪骗子高明，是你心中空虚，正中下怀。

——十二

越是真实，越是漏洞百出，人越是怀疑不信；越是虚假，越是无懈可击，人越趋之若鹜；所以很多精心设计巧妙的骗局，只有傻子才不会上当受骗。

——朝勘破

案例三

霍金的故事

据媒体报道，世界著名的物理学家霍金教授于2018年3月14日去世，享年76岁。霍金是伟大的物理学家，他的主要贡献是奇点定理和霍金辐射，这是对学术界影响最大的两个学术贡献。他还著有《时间简史》《果壳中的宇宙》等科普著作，均被翻译为多种语言出版，是全球最畅销的科普著作之一；同时，这位伟大的科学家身上还有着很多励志故事，时刻让我们与之共勉。

（1）霍金小时候学习能力并不好，学会阅读都很难，成绩也是从来没有进过前10名，甚至作业都很不整洁。老师们都感觉他无可救药了，同学们也都嘲弄他，还给他起了一个带有讽刺意味的外号"爱因斯坦"。可是霍金并没有因此而消沉；相反，他变得喜欢追根究底，什么东西都想拆开了看看，然后再试着自己组装起来。大家都讽刺他，可是他乐此不疲。上了中学，更是对物理产生了浓厚的兴趣，可是他认为书本里的知识太肤浅，于是自己开始了探索之路。20多年后，他竟真的成了爱因斯坦一般的人物。

（2）霍金17岁就考上了剑桥大学，一切美好仿佛正在逐渐开始，可是上天好像就是想给他制造磨难。在霍金21岁时，他得知自己患上了不治之症，这是一种叫作"渐冻症"的病，是一种罕见的疾病。医生当时预测他只能活三年，霍金极度失望。可是他想起了曾和自己同病房的男孩，那个男孩第二天就死了，霍金想自己还不算最倒霉，不应该这样放弃，他还有很多事情要做。于是他坚强起来，乐观地面对命运，继续自己的研究，从而成就了一个伟大的物理学家，对人类做出了杰出贡献。

（3）霍金的意志力非常强，同时乐观有主见，对生活始终充满了乐观和幽默的态度。一次霍金演讲结束后，一位女记者冲到演讲台前问道："病魔已将您永远固定在轮椅上，你不认为命运让你失去太多了吗？"霍金的脸上充满了笑意，用他还能活动的三根手指，艰难地叩击键盘后，显示屏上出现了四段文字："我的手指还能活动；我的大脑还能思维；我有终生追求的理想；我有爱我和我爱的亲人和朋友"。在回答完那个记者的提问后，他又艰难地打出了第五句话："对了，我还有一颗感恩的心！"现场顿时爆发出了雷鸣般的掌声。

霍金的确是伟大又励志的科学家的代表，如今他虽然去世了，可是他留给世人的贡献却是极大的，不仅有伟大的科学贡献，他的励志故事也鼓舞了很多人。他还用作品《时空简史》《果壳里的宇宙》等将宇宙的本质以浅显易懂的语言讲述给了全世界，启发了许许多多的青少年对宇宙研究产生兴趣。

 有感而发

近年来，由学业、情感、就业等方面的问题导致大学生自杀的新闻并不鲜见，这个世界上从来没有一马平川的人生道路，相对于霍金认真地活，我们有太多的大学生需要认真地审视自己，为何轻易放弃自己的学业甚至生命？

我们遇到困难的时候是否抱怨过上天的不公？祈求上天赐予我们更多的力量，帮助我们渡过难关。但是实际上，上天是最公平的，每个困境都有其存在的价值。在人的一生中所遭遇的困境和不解，在当下或许觉得难受，但是在过后某一时刻会突然觉得，这就是上天最好的安排。所有的挫折、困境和伤害只是这个世界温柔补偿的序曲，这些星星点点的微茫，终将会成为燃烧生命之光的熊熊烈火。

扪心自问

（1）霍金的故事给了我哪些启发？
（2）如果在大学的学习生活中遇到挫折、困境和伤害，我该如何去做？

名人名言

正路并不一定就是一条平平坦坦的直路，难免有些曲折和崎岖险阻，

笔记区

笔记区

要绕一些弯,甚至难免会误入歧途。

——朱光潜

态度决定成败,无论情况好坏,都要抱着积极的态度,莫让沮丧取代热心。生命可以价值极高,也可以一无是处,随你怎么去选择。

——吉格斯

感动体验:生命线

【活动目的】

(1)通过体验,促进学生的自我反思和探索,深化对自我的认识。

(2)通过活动,将领悟化为行动,对未来的自己作出积极的评估和展望。

(3)帮助新生知道如何生活,理解人生最大的成就在于不断重建自己。

【活动准备】

(1)多媒体教室一间。

(2)每个学生一支笔。

(3)每个学生一张 A4 纸。

(4)助教(或学长)两人。

【活动导言】

每个人的一生,其实可以简化成一条线,一端是出生,一端是离世,中间则是我们经历的所有风风雨雨、起起伏伏、甜酸苦辣、喜怒哀乐……

这条线是风和空气织成的,透明、无形,却又真实存在,上面刻着我们生命的脚印、生活的态度和成长的轨迹。

我们应该珍惜生命,无论它的长度会是多少,我们都应该让它美丽、美好、美妙!

【活动过程】

(1)学生坐定,在放松的姿态下闭上眼睛,静心听音乐。

(2)睁开眼睛,给每人分发 A4 纸。

(3)请各位同学把白纸横放,在纸的中部,从左至右画一道横线,长短皆可。然后给这条线加上一个箭头,让它成为一条有方向的线。在线条的左端,标上"0";在线条右端不到箭头处,标上"100"(应该算是长寿了,如果你愿意,可以写 120 或更多!)。在这条线的上方,写上"生命线",并写上你的名字和今天的日期、现在的时刻。

(4)接下来,是最重要的部分:首先你要为自己预设生命长度,比如你打算活到 95 岁,就在线条右端标出那个点。你现在 19 岁,你就在整个线段的 1/5 处,标一个点。然后,请把你认为生命中的大事一一标出来,比如你上小学、中学、大学、工作、恋爱、结婚、升职、生娃、生病直到离世，记录自己以往的生命经历以及未来的生命历程。如此，你就画出了属于你的"生命线"。

（5）三分钟停笔！倒计时统一停笔，让时间定格于此时、此处、此境！

（6）现在，请你拿起纸，仔细看看你亲手画出的"生命线"，你有什么感悟？关于生命的意义、关于快乐、关于安全、关于健康、关于幸福……

笔记区

感悟分享

（背景音乐）

1. 导语

正因为我们不知道生命的长短，生命才更显宝贵。我们应该珍惜生命，无论它的长度会是多少，我们应该让它美丽、美好、美妙！

那么，如果没了"安全"二字，所有的美丽、美好、美妙，都没了意义！

下面，我们一起分享一个主题："安全，让生命线有了生命！"

2. 小组分享

以小组为单位进行感悟分享。

3. 大组分享

由各小组推荐或自荐一名同学上台进行感悟分享。

亲历感言（学生填写）

（1）_____
（2）_____
（3）_____

活动点评（老师填写）

（1）_____
（2）_____
（3）_____

感恩结语

当我们最后离去的时候，能够带走的唯一物品，就是我们的"生命线"，就是我们的一生美好、充实的经历！

到那时，我们回看自己画就的"生命线"，上面每个点、每段线，都有遗憾，都有不舍，都有苦痛，都有甜蜜，最后能够微笑着说："生命真好！"这就是上天给你颁发的最好勋章！

而忽视安全，会让我们连微笑的机会都没有，或者给"生命线"留下不该有的残缺！

笔记区

感谢同学们的分享，我愿我们大家都平安、充实、幸福！

名人名言

谁能以深刻的内容充实每个瞬间，谁就是在无限地延长自己的生命。

——库尔茨

逆境给人宝贵的磨炼机会。只有经得起环境考验的人，才能算是真正的强者。

——松下幸之助

感奋践行

（1）写一文：《安全让生命美好》。
（2）做一事：参与安全方面的志愿者活动。

名人名言

生命就是一切。爱生命就是爱上帝。

——列夫·托尔斯泰

尊重生命、尊重他人也尊重自己的生命，是生命进程中的伴随物，也是心理健康的一个条件。

——埃里希·弗洛姆

拓展阅读

阅读一

这些大学生安全防范常识，你 get 到了吗？

大学生活对于每一位学子来说都是一段美好而又难忘的时光。而这一切开始的时候，不易被学生重视的往往是安全问题。安全是每一位大学生完成学业的重要保证，是健康成长的基本条件。因此，作为在校的大学生，一定要加强安全防范意识，保护好自己的人身财产安全。

这一期的安全知识普及，我们来重点学习大学生人身财产安全防范常识。

一、公共场所安全防范

（一）在操场、食堂、教室、阅览室、实验室、办公室等场所要注意保管好随身携带的物品；短暂离开时，要将贵重物品带走。

（二）请不要把手机、手提电脑等贵重物品及大额现金放在书包内，并用书包占位。

（三）发现物品丢失或可疑人员时要及时与场所管理人员联系，并报告学校保卫处。

（四）请自觉遵守公共场所有关管理规定，共同维护公共场所正常秩序。

二、宿舍安全防范

（一）养成随手锁门（上保险）、关窗的好习惯。

（二）注意保管好自己的钥匙，不要随便借给他人或乱丢乱放。

（三）不要擅自留宿外来人员，发现可疑人员应提高警惕，及时报告。

（四）妥善保管各类贵重物品，尤其是笔记本电脑，须上锁存放。

（五）大额现金应及时存入银行。密码不要用生日等易被他人破解的数字。银行卡和校园一卡通丢失应及时挂失。

（六）不要在宿舍点蜡烛或使用明火。

（七）不要在宿舍使用伪劣电器和大功率灯具、热得快、电热毯、电饭煲等电器。

（八）不要在宿舍焚烧物品及存放汽油、酒精、丙酮等易燃易爆物品和有毒、有害、放射性危险品。

（九）不要在宿舍私拉乱接电源。

（十）不要随意动用消防设施。

三、消防安全防范

（一）在教室、实验室、宿舍等处学习、工作和生活时，应严格遵守安全管理规定和操作规程。

（二）不要私拉乱接电源和违章使用电器；不要携带火种（含吸烟）到周边山林。

（三）熟悉日常学习、工作和生活场所的消防安全出口、逃生线路等情况。

（四）发现火情初起时保持镇定，不要惊慌，及时寻求帮助，酌情选择灭火器、水或以扑打、窒息等方法将其扑灭。

（五）发生火灾立即报"119"火警和学校保卫处。

（六）扑救火灾应注意切断电源，转移易燃易爆危险品。

（七）火灾逃生须牢记十要诀：熟悉环境，迅速撤离，毛巾保护，通道疏散，低层跳离，绳索滑行，借助器材，暂时避难，标志引导，避免踩踏。

四、诈骗安全防范

（一）提高防范意识，学会自我保护，不要将亲朋好友的姓名、电话号码等信息告诉陌生人。

（二）交际须谨慎，不贪图便宜，不轻信花言巧语。

笔记区

（三）求职就业时谨防落入"传销"陷阱；慎重对待网络、手机传销等信息。

（四）发现上当受骗及时报案。

五、性骚扰、性侵害安全防范

（一）筑起思想防线，提高识别能力。

（二）个人品行端正，反性骚扰的态度坚决。

（三）性骚扰、性侵害一般都有其发案的规律性，应尽量规避易受侵害的时间和场所（如夜晚、僻静和山林处），女同学外出应结伴而行。

（四）学会用法律保护自己，相信和依靠组织。

（五）掌握必要的防身技能，提高自我防范的有效性。

六、抢劫安全防范

（一）尽量避免单独去人迹稀少的场所。

（二）不要独自到银行、邮局等处领取大宗现金。

（三）携带珍贵物品或大宗现金出行，要提高警惕，注意观察周围情况。

（四）遇到危险要临危不惧、随机应变，沉着冷静地应对。

（五）与作案人巧妙周旋，伺机大声呼救。

（六）当无法抗衡时，要向有人、有灯光的地方奔跑。

（七）注意观察作案人，尽量准确地记住其主要特征，并注意其逃跑方向。

七、网络安全防范

（一）校园网用户应当遵守有关法规，不得制作、复制、发布、传播含有下列内容的信息：

1. 违反宪法所确定的基本原则；
2. 危害国家安全、泄露国家秘密、颠覆国家政权、破坏国家统一；
3. 损害国家荣誉和利益；
4. 煽动民族仇恨、民族歧视，破坏民族团结；
5. 破坏国家宗教政策，宣扬邪教和封建迷信；
6. 散布淫秽、色情、赌博、暴力、凶杀、恐怖或教唆犯罪；
7. 侮辱或者诽谤他人，侵害他人合法权益；
8. 含有法律、行政法规禁止的其他内容。

（二）遵守网络道德，做文明守法网民。

（三）网络交友须谨慎，要增强防范意识，防止上当受骗。

（四）加强技术保护措施，预防病毒侵入，并注意做好重要资料的备份保管工作。

八、交通安全防范

（一）增强交通安全意识，自觉遵守校园交通管理规定。

（二）在校园内行走，应注意观察、避让车辆。

（三）平时出行注意了解和掌握交通标识，严格遵守交通规则。

（四）不准在校园内练习或试驾机动车。

（五）所有车辆进入校园应服从管理，按规定路线行驶，并停放在指定地点。

（六）自行车出入校门须自觉下车推行。严禁购买赃车和证照不全的自行车。

九、做文明、健康、有为、诚信的大学生

（一）树立正确的世界观、人生观和价值观，不断提高自身的综合素质。

（二）遵纪守法，品行端正，自觉抵制各种非法诱惑。

（三）养成良好的学习习惯，正确处理学习和娱乐的关系。

（四）树立健康的竞争意识和团队意识，建立良好的人际关系，增强对不良心理因素的化解能力，保持良好的心态。

（五）提高自我防范能力，勇于同违法犯罪行为作斗争。

阅读二

大学生常见财产安全案例三篇

校园贷篇

一、什么是"校园贷"

简单来说，只要你是在校学生，在网上提交个人资料，通过审核，支付一定手续费，就能轻松申请到信用贷款。据调查，校园消费贷款平台的风控措施差别较大，个别平台存在学生身份被冒用的风险。此外，部分为学生提供现金借款的平台难以控制借款流向，可能导致缺乏自制力的学生过度消费。

二、"校园贷"的种类

1. 电商平台。
2. 消费金融公司。
3. P2P 网络贷款平台。
4. 线下私贷。
5. 银行机构。

三、"校园贷"的真面目

1. 高利贷。

大多数网贷平台放贷的利率，不会超过银行同期贷款利率的四倍，

笔记区

一般年利率被控制在20%以内，因此在法律上不会被认定为高利贷。但是，这些平台在收取约定的利息之外，还会以罚息、服务费、违约金、滞纳金、催收费等名目，收取远远高于贷款本息的巨额费用，从而在实质上就是不折不扣的高利贷。

2. 欺诈诱导。

这些贷款公司在向大学生群体推销业务时，往往不如实告知借款的真实风险，不详细告知贷款利息、违约金、滞纳金等收费项目的计算方式和可能金额，反而经常是以"零首付""零利息"等低门槛、低成本进行欺骗诱导，致使某些涉世不深、自制能力较弱而又消费欲望旺盛的大学生上当受骗。

3. 强行逼债。

一些公司采取的催款方式，往往是各种骚扰、胁迫、跟踪、盯梢、非法拘禁甚至包括某些更加极端的手段，迫使借款者不得不东奔西走借新债还旧债，从而极大地威胁借款者的人身自由和安全；种种暴力逼债的方式，已经超出合法经营的范围而有涉黑犯罪之嫌。

四、如何对待"校园贷"

1. 认清校园贷的各种形式，提高自身辨别能力。
2. 凡遇校园贷，直接拒绝。
3. 注意保护个人身份信息，不给非法分子可乘之机；
4. 树立正确的消费观念，注意这里并非要拒绝消费，而是要拒绝过度的、超出个人能力的、不合理的消费，不要盲目攀比，应当摆脱消费中的虚荣心理，理性消费！

诈骗篇

诈骗是指以非法占有为目的，用虚构事实或者隐瞒真相的方法，骗取公私财物的行为。如骗取的财物金额较大，则触犯刑律，构成犯罪。由于这种行为完全不使用暴力，而是在一派平静甚至"愉快"的气氛中进行，所以受害人一旦防范疏忽，就容易上当受骗，造成财物损失。校园诈骗案件主要存在以下几种手段和形式。

一、冒充学校工作人员实施诈骗

案例一：2014年9月新生入学期间，某校学生公寓进入一名女性嫌疑人，以学校后勤工作人员的身份要求学生缴纳所谓的网络安装费100元，多名同学上当受骗。

提示：遇到收费情况，要让对方提供相关工作证件，并要求宿舍管理人员对其身份予以核对。

案例二：2015年4月10日下午18时，某校一名孙姓同学接到一个电话，对方自称是他的老师，并自报了姓名，让孙同学于次日上午9时到学院办公室找他，有事约谈。

2015年4月11日上午8时30分，孙同学再次接到对方电话，对方称现在有事，9点的约谈取消。同时，对方称现在因为碰到难处急需5 000元，希望孙同学能帮他一下，要立即为他筹款5 000元，并打到指定账户。孙同学接到电话后分两次为其打款共计5 000元。当日，对方再次拨打孙同学电话，称还需要8 000元，希望孙同学立即帮助解决。此刻，孙同学才意识到被骗，随即向公安机关和保卫部门报了警。

提示：遇到此类情况，一定要认真核对对方身份，确认无误后三思而后行。

二、以感情为掩护实施诈骗

案例：2014年10月，一名外来人员在校园内对数名同学说出以下同样的话："我是已经毕业的校友，此次是来学校故地重游，不巧钱包丢失，身无分文，请您给予帮助。"结果，多名同学上当受骗，损失钱款从几十元到上千元不等。

提示：陌生人的话绝不可轻信。

三、电话诈骗

案例：2014年10月，某校同学张某接到一个可疑电话，电话内容是："我是天津市公安局，你的银行账户涉嫌洗钱、毒品交易等违法犯罪活动，需要对你调查，请配合。"该同学对此疑惑不解，立即报告保卫部门，避免了财物损失。

提示：心中无鬼，何必担心。遇此情况，要及时报警。

四、网络购物诈骗

案例：2014年9月，某校同学贾某在"淘宝网"购物时，接到"淘宝网"发来的短信，称其购买行为有误，需要重新输入账号和密码。贾某在按其要求操作完成后，卡内的1 800余元全部被划走。实际上，目前存在很多钓鱼网站，他们利用提供低价商品、飞机票为诱饵，骗取他人的信任，受骗者以直接汇款方式向对方购买商品后，该网站则以种种理由不发货，最终达到诈骗目的。

提示：网络购物需谨慎。

五、QQ诈骗

案例：2014年11月，某校同学在使用QQ聊天时，一个网友与她打招呼："你好啊，老朋友，多日不见，很想念，发个视频让你看看我现在的样子。""最近遇到麻烦，能否借我1 000元钱，很快归还。"这位同学毫无防备，按其提供账号次日向其汇款1 000元。多日以后才感觉上当受骗。此种诈骗手段是利用木马，侵入你的QQ获取信息并屏蔽你的好

笔记区

友，再以你好友名义获取你的信任来实施诈骗。

提示：遇到此类情况，要电话联系确认对方身份无误后再汇款。

六、信用卡诈骗

案例：2014年4月，某校同学梁某接到短信，其内容为："尊敬的客户：你的××银行信用卡在××商场消费5 800元，如有疑问可拨打87××321与××银行卡务中心联系查询。"该同学在按其要求联系后，被骗钱款1 600元。

提示：不要轻易相信短信中的电话号码，可直接向银行柜台咨询或者拨打全国统一的官方客服电话。

七、中奖诈骗

案例：2009年3月，某校同学周某接到短信，内容是："恭喜您，您的QQ账号已被系统后台随机抽选为'QQ周年庆'幸运二等奖用户！获得由赞助商提供的丰田轿车一台，身份证验证码为×××，咨询电话为××××××××××。"该同学与之联系后，被骗钱款总计27 000余元。

提示：不要轻易相信天上会掉馅饼，切勿贪图便宜吃大亏。

八、利益诱惑实施诈骗

案例：2013年9月，某校多名同学在校园内按照招聘广告的内容与某家公司联系，前往应聘。在此过程中，对方以收取抵押金的名义共计骗取12名同学现金3 600元。

提示：如需要兼职，请到正规的营销店或机构兼职，对先行收取费用的兼职广告千万不要轻信。

九、银行卡诈骗

在法律定义上讲，拾到别人银行卡，并从中提取现金的行为属于银行卡诈骗。

2011年5月，某校一名同学在南门外邮政储蓄银行取钱时，因疏忽将银行卡丢在取款机上，后面一名男子发现银行卡未拔，直接从中取出现金10 000余元后逃离现场。接到学生报警，保卫处经调取银行监控，很快锁定了嫌疑人并将其抓获，为同学挽回了巨额经济损失。

提示：在银行取钱时要时刻保持警惕，留存好自己的银行卡。

综上所述，防范诈骗案件的举措可以概括为：

第一，不要轻信街头与校园内张贴的非法广告。

第二，不要购买在学生宿舍推销人员的商品。

第三，不要轻信身份不明人的"诺言"或"求助"等要求。

第四，有选择性地交稳妥的朋友。

第五，不要贪图小便宜。

第六，遇有可疑或者不明白的情况，多问自己和对方几个为什么。

第七，遇到可疑的人和事要设法控制住对方，并立即向保卫部门或公安机关报案。

防盗篇

盗窃是指以非法占有为目的，秘密窃取公私财物的行为。如果是多次窃取或者窃取数额较大的公私财物，则属于盗窃罪。

盗窃案件是校园易发和多发案件，在年度校园发案总数中往往占据80%以上的比例。

具体来说，校园盗窃案件的分类及典型案例和防范措施有以下内容。

一、顺手牵羊

违法嫌疑人在作案前并没有明确的作案对象，而是临时见财起意，趁人不备实施盗窃。

案例：2014年6月7日，某校学生杨某在篮球馆打球，将放有手机的上衣挂在篮球架上，打完篮球离开时发现手机被盗。经调取监控，很快抓获盗窃嫌疑人。从监控当中发现其作案的过程：作案人在打完篮球离开篮球馆的时候，趁人不备，顺手将其上衣拿走。

提示：贵重物品要随身携带，确保万无一失。

二、溜门盗窃

违法嫌疑人在一定区域活动，行走中留意没有锁门的空房间，趁人不备，溜入房间实施盗窃。

案例一：2014年9月23日，某校校园110在巡逻中抓获一名女性盗窃违法嫌疑人。据其交代，2014年上半年以来，该人利用溜门的手段，在长春市各大学校园实施盗窃作案20余起，窃得手机等财物价值总计两万余元。

案例二：2014年8月，某校学生在午休时因为天气闷热开门睡觉，睡醒后发现室内的三台笔记本电脑同时丢失。

提示：学生宿舍、教学楼、图书馆既是学生的主要活动场所，也是人员相对集中、复杂的场所。盗窃嫌疑人更愿意在这样的场所以溜门的方式实施盗窃，因此，提醒各位同学，离开寝室时要记住检查门窗是否落锁，在教学楼、图书馆学习时，一旦离开教室、阅览室，切勿将个人财物放置在自己视线以外。

三、挑杆盗窃

违法嫌疑人制作带有挂钩的长杆作为作案工具，在房间窗外将长杆伸进屋内，利用杆头的挂钩勾取室内的背包、衣服等财物实施盗窃。

笔记区

案例：2010 年，某校保卫处在宾馆成功抓获一由四名聋哑人组成的盗窃团伙。据他们交代，2009 年以来，他们纠集在一起，以长杆为工具，利用挑杆盗窃的手段作案 40 余起，窃取财物价值超过 15 万元。

提示：个人贵重物品要随时放在带有锁头的个人储物柜中，即使是价值较高的衣物，也不要放置在离窗口较近的位置，最好放在储物箱中。

四、翻窗入室

违法嫌疑人攀爬楼宇的外窗台，开启房间窗户后，进入室内实施盗窃。

案例：2010 年 10 月，某校学生公寓连续发生多起学生笔记本电脑失窃案件。保卫处接到报警，对此极为重视，组织警力在公寓周边布控、蹲守，于 10 月中旬将盗窃犯罪嫌疑人抓获。经查，该名犯罪嫌疑人利用公寓窗台攀爬，进入未关窗的寝室，伺机盗窃。两个月来，在各大高校连续盗窃笔记本电脑 20 余台。

提示：离开寝室时要检查门窗是否关严，如果门窗出现关闭不严的问题，要及时通知宿舍管理人员给予维修。夏季多使用纱窗，离开寝室更要注意关闭门窗的问题。

五、熟人盗窃

"身边有贼""家贼难防"是对熟人盗窃案件最精确的概括。利用熟悉的身份伺机作案是此类案件的共同特点。

案例：2013 年 4 月 5 日，某校同学魏某容留一朋友在寝室住宿，早上起床时发现该人已走，寝室内的钱包同时被盗。

提示：不要留宿不熟知其底细的所谓"熟人"和"朋友"。

六、偷配钥匙实施盗窃

违法嫌疑人利用机会偷偷配得他人的房间钥匙，在其房间无人的情况下潜入室内实施盗窃。

案例：1998 年 5 月 7 日，某校学生公寓发生一起命案，一名即将毕业离校的女生被人杀害在寝室内。经公安机关侦破，很快抓获犯罪嫌疑人任某。任某是该校物理学院本科生，利用与其他同学接触的机会偷配多把其他寝室的钥匙。在案发当日利用配好的钥匙潜入该女生寝室，窃得现金 100 元，欲离开时被回到室内的女生发现。该女生欲叫喊，任某为掩盖其行为而将该女生杀害。

提示：不要轻易将钥匙借给他人，养成保管好钥匙的好习惯。

七、掀门帘盗窃

此类案件多发生在北方。因为天气原因，北方冬季寒冷，为确保室内温度，各楼宇大门口均会安装棉门帘。同学进入室内均需用手掀起门帘。在掀门帘的一瞬间，其外衣兜口即暴露在外，违法嫌疑人正是利用这一瞬间的机会将其兜内财物窃取。

综上所述，盗窃案件的防范举措可以概括为：

第一，妥善保管好自己的现金及贵重物品，包括钥匙。平时身边不要存放大额现金，不要把银行卡的密码透露给别人，特别是身份证和银行卡不能放在一起，贵重物品不可随意乱放。

第二，要养成勤关门窗的好习惯，及时地加固门窗。

第三，不要留宿外来人员。

第四，不要外借钥匙。

第五，失窃后要立即报案，保护现场，配合保卫部门和公安机关查破案件，并及时做好补救工作。

阅读三

守护生命十大黄金法则

人生命，要守护，十条法则要记住，一旦灾害发生时，及时应用心有数。

一、地震

遇地震，先躲避，桌子床下找空隙，靠在墙角曲身体，抓住机会逃出去，远离所有建筑物，余震蹲在开阔地。

二、火灾

火灾起，怕烟熏，鼻口捂住湿毛巾，身上起火地上滚，不乘电梯往下奔，阳台滑下捆绳索，盲目跳楼会伤身。

三、洪水

洪水猛，高处行，土房顶上待不成，睡床桌子扎木筏，大树能拴救命绳，准备食物手电筒，穿暖衣服渡险情。

四、台风

台风来，听预报，加固堤坝通水道。煤气电路检修好，临时建筑整牢靠。船进港口深抛锚，减少出行看信号。

五、泥石流

下暴雨，泥石流，危险处地是下游，逃离别顺沟底走，横向快爬上山头。野外宿营不选沟，进山一定看气候。

六、雷击

阴雨天，生雷电，避雨别在树下站，铁塔线杆要离远，打雷家中也

笔记区

笔记区

防患,关好门窗切电源,避免雷火屋里窜。

七、暴雪

暴雪天,人慢跑,背着风向别停脚,身体冻僵无知觉,千万不能用火烤,冰雪搓洗血循环,慢慢温暖才见好。

八、龙卷风

龙卷风,强风暴,一旦袭来进地窖,室内躲避离门窗,电源水源全关掉,室外趴在低洼地,汽车里面不可靠。

九、疫情

对疫情,别麻痹,预防传染做仔细,发现患者即隔离,通风消毒餐用具。人受感染早就医,公共场所要少去。

十、防化

化学品,有危险,遗弃物品不要捡,预防烟火燃毒气,报警说明出事点。运输泄漏别围观,人在风头要离远。

模块八

乐活硅湖

感性导言

（背景音乐）

有人将米做成饭，有人将米做成酒；有人将生活当作柴米油盐，有人将生活当作诗和远方。在我看来，我属于后者，我是一位地道的酿酒师，一位热爱生活的草根诗人。在我心里一直有一处乐土，乐土上有世上最美的风景——硅湖，乐土上有世上最美的人——硅湖人。

我在这片乐土上走过的春夏秋冬，是青春里最美好的时光，春和景明、夏树苍翠、秋高气爽和冬雪傲霜，不同的时节的校园，弥漫出各具风情的情调。我在这片乐土上遇到过的人，是一辈子都会铭记于心的朋友、知己，我们一起走过校园的春夏秋冬，看遍生活的阴晴圆缺。我想，三年的大学生活中所看过的景、遇到的人，一定会成为你一生难忘的记忆。

乐活硅湖，你我共建。

名人名言

春有百花秋有月，夏有凉风冬有雪，若无闲事挂心头，便是人间好时节。

——无门慧开禅师

快乐，使生命得以延续。快乐，是精神和肉体的朝气，是希望和信念，是对自己的现在和未来的信心，是一切都该如此进行的信心。

——果戈理

感人案例

案例一

这个夏天，汗水中的成长

刘丹璇

朋友，春夏秋冬，你喜欢哪一个季节？为什么？

我最爱夏天！因为夏天可以吹着空调吃西瓜看剧！噢……还有夏天我要上大学了，做了18年逃离家的梦，可真正离开时，才感受到家的温暖和宝贵。

风是燥的，天是蓝的，阳光是明媚的。就在这样的一个夏末的好天气里，我加入了硅湖的大家庭。刚刚报到第二天，就匆匆忙忙开始了军训，我所在的连队是11连，我担任班长。作为班长我每天都要比大家提前到至少20分钟，同时要监督和协调军训期间70多人的个人情况，晚上要配合好教官去每个寝室检查内务。有的同学说："你这么瘦小能行

笔记区

笔记区

吗?"我说:"怎么会不行?别看我瘦小,我很强大的!你们会见识到的!"

军训后期,有一次机会入选国旗班,但因为身高不够落选了,唉……回来的时候垂头丧气,感觉头也抬不起来,心想:"怎么面对我的同学?"果不其然有同学笑话我说:"你看就因为你矮吧?没选上吧?"我当时真想找个洞一头埋下去!过了不久,教官安慰我说:"你已经很棒了,要对自己有自信!"训练休息期间,教官安排我教大家唱军歌,我知道教官是给我证明自己的机会,我鼓起勇气,重拾信心,在操场上一句一句教大家,"寒风飘飘落叶,军队是一朵绿花……",唱到后来我的嗓子都哑了,同学们感受到了我的努力,纷纷来安慰我、关心我,还向我递来纯净水、润喉片、纸巾,一只只写满关爱的双手在我身边团团展开,我虽然说不出话但是心里是满满的感动。

最后一天汇报表演时我取得了优秀学员的成绩,上台领奖的时候心里特别自豪!"宝剑锋从磨砺出,梅花香自苦寒来。"这么多天的努力终于没有白费!我证明了自己!

虽然也曾经期盼着军训早点结束,但当真正结束时,又觉得不舍,军训也由一场"噩梦"转变成了我们终生难忘的回忆。军训是我们成长的第一步,我们要带着坚持不放弃的精神,追求更好的态度和挑战自己的勇气,飞向更高的天空,拥抱更美的景色,迎接更精彩的自己。

我们晒黑了,我们经历了,我们还会继续,我喜欢这个夏天的硅湖。

 有感而发

刘丹璇说,她喜欢硅湖的夏天,是因为她就是夏天!

我喜欢硅湖的春天,因为它充满生机,给人带来希望。每年的三月,我们都会举办一年一度的"硅湖之春"校园文化艺术节活动,丰富的活动让校园生活充满色彩。

我也喜欢硅湖的夏天,因为它充满张力,给人带来力量。每年的六月,我们会举办毕业典礼、毕业晚会等活动,看到每年都有上千硅湖学子豪情满怀地走出校门,成为国家、社会的建设者,我们的内心是充实的。

我还喜欢硅湖的秋天,因为它满满的丰收,给人带来喜悦。每年的九月,我们都会迎来新的"硅湖人",迎新晚会、校庆活动、各类赛事接踵不断。

我最喜欢硅湖的冬天,因为它高雅圣洁,净化人的心灵。每年的12月份,我们会举办"一二·九"系列活动,从大合唱比赛、征文比赛到演讲比赛,都在净化着我们的思想。每年冬季我们还会举行献爱心活动,让硅湖的冬天充满温暖。

我爱四季,乐活硅湖,乐在四季!

扪心自问

(1)让我好好想想,四季当中我最喜欢哪个?为什么?

（2）我能说出硅湖秋季三个最美的景色吗？

名人名言

墙角数枝梅，凌寒独自开。遥知不是雪，为有暗香来。

——王安石

春天来临，风和日丽，气象宜人。如果在这个季节里不出门看一看春天的丰姿，与天地同享欢乐，那简直是对自然的伤害和不敬。

——弥尔顿

案例二

生活不止诗和远方，还有舞蹈和梦想

蔡玉华

我叫蔡玉华，来自儿童发展学院164班。

不知不觉，我已经开始实习了。每每回忆起大学的点点滴滴，那段记忆中最美好、最快乐的就是遇见了街舞社……

乍到硅湖，一切都是那么陌生。在两眼一抹黑的校园，上完课的我常常一个人游走在东南东，感觉孤单，我希望我的大学有更多的意义。当我无意中看到学校街舞社贴出的纳新海报时，心情激动不已，因为我自己也很喜欢跳舞，还学过几年爵士舞，就毫不犹豫报名加入了社团。

时至今日，我依旧记得初见街舞社社长翁文秀的情景。她人很好，长得眉清目秀，言语落落大方，从来都没有架子。在跳舞的那段时间里，我们大家都很刻苦和努力，无论在天台也好，三楼厕所门口也罢，都从来不介意别人的目光。可能是我的热情和付出打动了大家，翁姐在离任时推荐我当下一任社长，也因此，我有了更多美好的回忆……

上任后的第一件大事就是社团纳新！当时的情况我记忆犹新，我们社团招了100多人，排行第二！当时的自豪感真的想藏也藏不住，但接踵而至的问题也让我苦不堪言，几近崩溃。100多人，站在一间教室里都是问题，一起跳舞更是难上加难。场地不够大成了第一个问题，于是想着分批，男生和女生分开，但是却招来了抗议。还有就是舞种的问题，我主跳的是爵士，而男生们大部分不喜欢这个舞种，所以场地和舞种便成了社团发展的两大难题。因为这两件事我绞尽脑汁、夜不能眠，幸亏邀请到2013级的学长来帮忙才解决了问题。社团每次活动我都会提前在群里通知练舞的时间和内容，让大家自由选择。每次练舞结束后，我还会留一些时间跟大家一起聊天，谈生活、谈人生、谈理想，就这样一切都顺其自然地进行着。

第二学期一开学，又出现了一个大问题。由于课务很重，能来跳舞

笔记区

笔记区

的人越来越少，或时间冲突，或补习作业。为此，我想了个办法，就是每次活动都会拉小群，把想参加的拉进去，一个活动一个群，方便管理和交流。大概是我开头就说过，能流血流汗的人就来，大小姐、公子哥就别来了，所以每个人在活动中都很积极主动。在不断的活动中，我们社团成员的感情日益加深，就这样，我们在学校大大小小的舞台上跳动着、享受着……

为了证明自己，我们尝试着接一些商演，一开始的时候，所有的活动都把我们拒之门外，理由很简单"一看就是学生，没有经验"。可功夫不负有心人，终于，我们接到了在上海的一场演出，我们一大早五点就起来赶地铁，路上四五个小时，台上四五分钟，路上来回奔波一天非常辛苦，但是发工资的时候，这一切的辛苦都值得了……记得有一次演出过程中由于压力太大，我哭了，本想自己安静会儿，可是社团的小伙伴又是搬救兵，又是买纸买水，外表坚强的我从没想过会有人这么关心我，社团成员家人一般的感觉真的很好！

不知不觉到了该离任的时候。最后一个星期，我还坚持和大家一起练舞！我走的时候甚至有人为我流泪，还有特别的离别礼物，一切的一切都是缘于我做了街舞社社长，非常感谢学校给了我这个机会，我因此收获，因此成长，因此有了一段美好的回忆。

虽然我走了，但是街舞社依旧在。我相信，以后的街舞社一定会更好、更强！

有感而发

谢谢玉华社长！你真的很棒！

我们都有一颗年轻的心，充满激情、阳光、执着，梦想有不平凡的经历，希望有机会学会担当、肩负责任，体会不一样的青春！

那还等什么呢？请你放眼硅湖30多个充满"爱"的社团！在这里，你可以交到有趣的朋友，遇见相知的灵魂，收获值得一生守护的友谊。抑或是获得见识，体验到与中学完全不同经历，也许是压力，也许是感动，但都将会成为你大学生涯中最不可或缺的一部分。

乐活硅湖，乐在社团！

▶ **扪心自问**

（1）我有哪些爱好或者特长呢？

（2）我是否愿意加入心仪的大学生社团？

名人名言

人们在一起可以做出单独一个人所不能做出的事业；智慧＋双手＋力量结合在一起，几乎是万能的。

——韦伯斯特

伟大的事业，需要决心、能力、组织和责任感。

——易卜生

案例三

出生黑土地，扎根新花桥

我是高小宝（艺名），来自黑龙江省哈尔滨市。2012年9月我离开家乡开启了求学之旅。由此来到了硅湖，来到了美丽的花桥。

因为从没有离开过家到这么远的地方独自生活，所以那时的我对这座城市以及即将到来的大学生活充满了期待。硅湖——现在应该叫作"母校"了，满载了我所有的回忆，这也是我现在还待在这座城市的原因之一。

2012年像所有刚刚高中毕业的学生一样，我懵懂地来到了这个陌生的小镇、陌生的大学，接触新的老师及同学，但用很短的时间就适应了崭新的生活。也许是新同学的兴趣相投，也许是老师们平易近人，又或许是这里有家乡没有的风景，整个校园环境也变得更美好了，很快我就在这里开辟了自己的一片小天地！

进校没多久，我就很幸运地被老师们赏识，参加了在校的第一次大型演出——迎新晚会！

那时真的特别开心，也特别感恩学校可以为我们提供这样的平台。而且在这个过程中我认识了很多有相同爱好的同学，我们一起努力，完成每一个节目。当演出结束、掌声雷动时，我高兴极了。

也许是开了个好头，后来的一切都是我向往的样子。

在整个三年学习中，我参加了学校大大小小的文艺演出，在硅湖的舞台上，和我的老师、同伴们度过了无数个欢欣难忘的夜晚。包括多次去花桥镇上参加文艺会演，我对这座小镇有了家的感觉！

很快，随着一门门课程顺利通过，以及丰富的课余文化生活，我的专科旅程结束了，但是我还想继续留在这，也还想继续提升自己。恰好学校有这个机会，我便选择了专接本，而且接的是我心仪的南京财经大学！更让我开心的是，有几位我们一起度过专科三年时光的好朋友，也都和我一样选择了继续留在这里。也许是特别的缘分，让我们在一起三年还没有待腻，还想继续待在一起！

那时候的我虽然只有在寒暑假才可以回老家，但是在花桥，在硅湖的生活让我很安心，每当坐飞机往返老家和学校的路上我都会很激动，放假在家的时候也经常想着学校的日子。

时间过得很快，感觉没过多久，本科生活就接近尾声。那一刻才觉得可能真的要离开学校，离开一直关照自己的老师、相处默契的同学，还有这个暖心的江南小镇花桥！

但是，也该踏入社会，创造自己全新的生活了。出了校门的那一刻

笔记区

笔记区

才恍然发觉，原来我已经在这座城市待了这么久了。看着校门外的小店，甚至还可以说得出几年前它被更换掉的名字！看着周边越来越好的生活环境、越来越完善的生活配套，以及在学校提供的平台上结识的人际关系，我放弃了回家的念头，决定留在这里，留在花桥！

因为身边的同学大部分都是邻近城市的，他们基本都选择回家工作，尽管分别时很不舍得，但我总是这样告诉自己，"我要留在这里生根"。我和这些朋友的距离还不算太远，只要有时间就可以经常聚聚。毕业后老师们也经常给予我工作上的建议，也给我提供了很多就业机会，指引我的方向，让我更坚信未来我可以真正地生活在这里，花桥就像是我的第二个家乡。

转眼间，今年已是我在花桥的第七个年头了！我在这七年中完成了我的大学生涯，找到了我心仪的工作，还有一直陪伴在我身边的朋友、导师。他们见证了我的成长与蜕变，如今的我也算是在这里成功立足了，相信未来我的生活一定会越来越好。

一切美好始于花桥，行于花桥，乐在花桥……我爱花桥！

 有感而发

花桥镇地处苏、沪交界处，紧靠上海，有"江苏东大门，苏沪大陆桥"之称，交通发达便捷，距上海虹桥机场25公里，浦东机场80公里，312国道、沪宁高速公路、同三高速公路、京沪铁路、沪宁城际铁路、京沪高速铁路、上海轨道交通11号线穿境而过融入上海地铁网络，乘地铁到上海徐家汇仅需一个小时。花桥镇在全国百强镇中排名第19位，先后获得"全国环境优美镇""国家卫生镇"等荣誉称号，花桥国际商务城先后获得"中国10大最佳服务外包园区""服务外包认证国家示范区"等荣誉称号，2017年5月"可以买遍全球"的花桥跨境贸易小镇正式启动。

所以，生活在花桥的我们是幸福的，因为花桥是"美食花桥""健康花桥""便捷花桥""现代花桥""文化花桥"。

▶ **扪心自问**

（1）我真正了解花桥吗？
（2）我对花桥最深刻的印象有哪些？

名人名言

审美的感官需要文化修养，借助修养才能了解美、发现美。

——黑格尔

一切精美的东西都有其深沉的内涵。

——约瑟夫·鲁

感动体验:"我行我秀"擂台赛

【活动目的】
(1) 通过活动,展示才艺,发现生活的美和创造美的人才。
(2) 通过活动,激发竞先争优意识,发掘潜能,增强自信。
(3) 帮助新生主动交流,培养团队精神。

【活动准备】
(1) 多媒体教室一间(音响、灯光)。
(2) 以小组为单位,排兵布阵,捉对PK。
(3) 在唱歌、舞蹈、乐器、书法等便于在教室里展示的才艺项目中,由各组组长投票确定一项设擂PK项目。
(4) 根据PK项目准备材料和设备等。

【活动导言】
乐活硅湖,硅湖乐活!活得精彩,乐得尽兴!
让在硅湖的每一天都快乐、都精彩,需要我们发现美、展示美、创造美!而这需要能力,需要智慧,更需要勇气!
各位亲爱的家人,让我们鼓起勇气,走上擂台,争当擂主,勇夺冠军!
我们的口号是:"我行我秀"擂台赛,乐活硅湖我最帅!

【活动过程】
(1) 以小组为单位,通过抽签,确定首位擂主。
(2) 依照抽签顺序,排兵布阵,派员攻擂。
(3) 擂主先展示才艺,攻擂者随后展示。
(4) 由其他组的学委作为评委,以"3、2、1"倒计时的举牌方式确定获胜者并加分。
(5) 依次循环,直至最终胜出者为冠军!
(6) 冠军小组计算累计总分,由导师颁发奖品!

感悟分享

(背景音乐)

1. 导语
刚才我们组织了"我行我秀"擂台赛,大家踊跃参与,积极献计献策,为自己的家人鼓劲,为小组的荣誉而战,乐得尽兴,"秀"得精彩!
这既显示了我们的才艺能力,更展示了我们小组团队团结一心、争夺冠军的决心和勇气!
这是我们每个小组、每个小组家人最珍贵的财富,这比冠军更重要!
下面,我们一起分享一个主题:"生活原本如此,乐活在于态度!"

笔记区

笔记区

2. 小组分享

以小组为单位进行感悟分享。

3. 大组分享

由各小组推荐或自荐一名同学上台进行感悟分享。

亲历感言（学生填写）

(1) _____

(2) _____

(3) _____

活动点评（老师填写）

(1) _____

(2) _____

(3) _____

感恩结语

（背景音乐）

各位可爱的同学，各位亲爱的家人。

茫茫人海，我们缘聚硅湖，拥有了一个共同的名字"硅湖人"。

未来三年，我们要珍惜相聚的缘分，在硅湖每一天都要像今天这么开心，这么尽兴！所有的日子，都要把它们过成快乐的日子；所有的事都要把它变成快乐的事！我们每个人都要成为快乐的人！这不是一件容易的事，需要我们以积极的心态去发现、去创造！

这需要能力，需要智慧，更需要勇气！

乐活硅湖，硅湖乐活！

乐在四季，乐在社团，乐在花桥！一句话，乐在我们每个人的心里！

老师感恩大家创造的快乐，感谢刚才各位同学感人的分享，让我真真切切地感受到了和大家相处的每一天、每一分、每一秒都是精彩和快乐的！

谢谢大家！

名人名言

真正的快乐是内在的，它只有在人类的心灵里才能发现。

——布雷默

林花扫更落，径草踏还生。

——孟浩然

感奋践行

(1) 写一文：《我最喜欢硅湖的_____》。

(2) 做一事：以小组为单位，拍摄硅湖或者花桥的生活、美景，制作一个小视频，下次课作全班分享。

名人名言

人生所有的欢乐是创造的欢乐：爱情、天才、行动——全靠创造这一团烈火迸射出来的。

——罗曼·罗兰

真正的笑，就是对生活乐观，对工作快乐，对事业兴奋。

——爱因斯坦

拓展阅读

阅读一

四季分明，大美硅湖

一、春美硅湖

春天的校园绿意盎然，鲜花烂漫。看，鲜花后的高楼，高耸挺拔，顶天立地，迎春风，沐春雨，奋发向上，彰显着青春活力、勃勃生机。瞧，百花斗艳，色彩斑斓，在春日的照耀下竞相开放。白色玉兰素雅娴静，洁白无瑕，代表学生时代的纯洁；红色牡丹，火红剔透，傲娇花丛，宛如一片绚丽的晚霞。

二、夏景硅湖

夏天的校园热情四射。路旁的大树像一把撑开的大伞，为校园的师生挡风避雨，带来心灵平静的一丝圣境。东南东大厅前的荷花池塘，在盛夏的关怀下开出朵朵莲花，散发出阵阵花香，环绕在锻炼归来的学生身上，让劳累的身体得到一些放松。

笔记区

三、秋实硅湖

秋天的校园落英缤纷，飘落在地的银杏叶撒满了整条芳菲路。秋风微吹，金黄的银杏叶、火红的枫叶宛如妙龄少女翩翩起舞，又如彩色蝴蝶飞在空中。秋天的阳光不像夏天烈日般刺人，在其沐浴下，让人感到舒畅自由，也让繁忙的生活有了一片放松之地。

四、冬暖硅湖

冬天的校园银装素裹，妖娆迷人。硅湖旁的柳树垂下条条银链，在冬日阳光的照耀下闪着亮晶晶的光芒；操场上的绿草被披上了一层白色的棉被，偶尔冒出一丝绿色，给人看到一丝生命的气息。松树上挂满朵朵白花，像是硕大的雪球，给寒冷冬天带来些许美丽。最重要的是硅湖的冬天有"一二·九"大合唱、义务献血、爱国征文等活动，让这里的冬天不再寒冷。

太美的硅湖，我深深地爱着它。在这里我们可以感受到春的气息，欣赏盎然春色；在这里我们可以感受夏日的热情，校园的青春；在这里，我们可以感受到秋实的欢乐，付出所取得的成果；在这里，我们可以感受冬天的"温暖"，接受爱国熏陶，体验奉献精神。在这里我愿与你们共同分享，在这里我们一起乐活硅湖。

阅读二

硅湖社团及部分学生活动一览

一、社团

（一）协会组织。

心理健康协会：荡涤心灵尘埃，共享青葱岁月。

计算机协会：不要在乎1+1等于多少，二进制的海洋多得是未知数。

青年志愿者协会：雷锋不仅仅是一种精神，我们一直在行动。

健美操协会：健康、活力、快乐、美丽、自信，我们跳的不仅仅是健美操。

创业者协会：用知识服务社会，用科技创造未来。

（二）文学艺术类社团。

汉服社：中国有章服之美谓之华，有礼仪之大故称夏。

手语社：手语之美如花开，无声而绚烂，语言的多彩是可以看见的。

文学社：金戈铁马，气吞万里如虎，帘卷西风，人比黄花瘦。

书法社：笔走乾坤恢宏气，墨染中华四时春。

围棋社：手谈棋局，或许是我们最好的相遇方式。

国学社：中国的传统就那么多，我们一直以弘扬中华传统文化为己任。

相声社：说学逗唱无一不通，逗哏捧哏不如开心重要。

电影赏析与摄影社：一帧一帧的美感从来不是用眼睛能分辨的，不过镜头帮了我的忙。

（三）学习理论类社团。

红帆社：红色理念跨越时代的潮流，一直引领着我们前进，我们的心中始终存在革命的风帆。

阅读俱乐部：不同的专业将我们分在了不同的班级，但是共同的兴趣仍旧让我们相遇。

（四）娱乐艺术类社团。

动漫社：动画成身，漫画铸骨，不求为他人所明，但愿长存感动。

音乐社：让音乐溢满生命的空白之处，为明天喝彩。

话剧社：舞台演绎人生，青春谱写剧本。

中国舞社：始终跟上时代的节奏，才能演绎未来的韵律。

绘画社：意由心生，美从笔中来，用手中铅笔，绘出五彩人生。

街舞社：街头的何言杂耍，舞动的岂非文化，圣光的即将降临，区别的何止单一。

摄影社：世界影像，手中聚焦。

（五）体育类社团。

跆拳道社：誓国以忠，誓亲以孝，誓友以信，临战不退，杀身有责。

拳击社：爱力量，爱勇敢，爱对抗，爱历练，也爱无限提升，我不是别人，我是拳击手。

笔记区

散打社：一是为了健身；二是为了增强自信；三是为了防身。说到底，这是一种修行，强壮身体，强大内心。

空手道社：千日炼以达极致，万日修以返初心。

乒乓球社：乒乓有形、快乐无限，让我们在乒乓声中锻炼，在乒乓声中成长，让运动走进我们的心里。

骑行社：终点不是梦，重点是突破！生命无止境，运动无极限。

滑板社：滑板虐我千百遍，我却待她如初恋。

台球社：小小七彩球，会会八方友，碰碰有激情，撞撞好彩头。

足球社：我们是风不被左右，我们是风无法阻挡，我们永远向前。

羽毛球社：欢乐"羽"你同伴，健康"羽"你分享。

轮滑社：上帝忘记给我们装上翅膀，我们用轮子飞翔；让我们飞扬的不是别人羡慕的眼神，而是我们年轻的心。

瑜伽社：喧嚣中宁静，疲惫中超然，远离城市喧嚣，尽享根源之美。

电竞社：体验游戏生活，感受游戏真谛，追求竞技梦想，回忆游戏人生，我们把竞技看作一种荣耀。

（六）专业类社团。

儿童艺术团、ERP社团、美术协会。

二、部分经典学生活动

（一）社团纳新日：到了一年一度的社团成员招新日，全校所有的社团都会到来，你的大学生活是否精彩，取决于你的选择。

（二）硅湖最强音：社团联合会的品牌性活动，延续至今已经是第六届了，无论是歌声，还是舞美，我相信你的到来绝不会后悔。

（三）社团汇报演出（元旦晚会）：初入大学，度过匆忙的中秋，或许我们的元旦晚会，可以让你感受到家的氛围。

（四）主持人大赛：为广大播音爱好者所提供的平台，逐鹿群雄，声音的舞台，没有最好，只有更好。

（五）社团巡礼节：漫长的夏日就让我们燥起来！全校所有社团集结，只为给你带来不一样的夏日。

（六）义捐义卖：硅湖人的爱心，一直都长怀于胸。尽管我们的力量微薄，但是只要他人需要，我们就会献出自己的爱。

（七）每周三下午校园劳动日：校园的美丽，离不开我们每个人的努力，走在自己维护的美丽校园中，那种感觉最好不过了。

三、部分校外公益活动

（一）三校联谊（轮滑社、心理健康协会等）：昆山高校之间的文化交流，也是学生素质拓展的好机会。

（二）走进敬老院：拓展素质教育，将中华美德"孝"发扬光大。

（三）爱心护学岗：祖国的花朵是需要社会上的每一个人呵护的，志愿者们一直在努力。

（四）雷锋纪念馆学习活动：雷锋精神，不仅仅是一种精神传承，更应在生活中有所体现。

（五）植树节活动：绿色地球是我们共同的家园，保护树木是你我应尽的责任。

（六）走进福利院：硅湖人的爱心永不缺席，把爱告诉社会是最美好的诠释。

阅读三

2018 RMCC 中国花桥首届卡丁车城市街道赛拉开帷幕

2018 RMCC 中国花桥首届卡丁车城市街道赛于 2018 年 5 月 20 日在江苏昆山花桥开发区拉开决战帷幕！此次赛事由中国汽车运动摩托车运动联合会、江苏昆山花桥经济开发区联合主办，是中国首例举办的"国家级"正式街道赛事，新颖的竞赛风格吸引了全国超过 50 位车手报名参赛，超过 1 000 名工作人员为赛事提供保障服务。世界耐力锦标赛（WEC）冠军车队耀莱成龙 DC 的创办人、华人车手最高奖项的获得者程飞也专程到达现场为参赛选手助阵。

5 月 20 日，开幕式现场，由中汽联运动部主任姜桐春及花桥经济开发区党工委书记陈丽艳，为"RMCC 中国青少年赛车运动中心"揭牌，并授程飞为形象大使称号。接着，程飞代表耀莱成龙 DC 车队，向运动中心捐资 10 万元，用于青少年赛车运动的公益事业。活动当日还成立了首家由官方支持的青少年车队——花桥国际商务城车队，由世界冠军程飞任主教练、由前 F1 赛车空气动力学工程师周小徐任车队经理、由国内

笔记区

著名青少年冠军车手汤乾观岳任车队领队。作为广受媒体关注的八岁车手汤乾观岳，在 19 日的排位赛与预决赛中始终位居第一，同时他也是 RMCC 与多项赛事的代言人和形象推广者，具有四年驾龄的他，已在全国赛事中累计 12 金、12 银、6 铜，破全国赛道同组别纪录五条，在 2018F1 上海站，他作为 F1 赛车宝贝，成了媒体的亮点。

决赛日当天，昆山花桥下午的丝丝细雨已经渐小，但赛道中依然有些许积水，而本次的参赛车队 MCM 童梦车队、GYT 东林车队、ZEN Motorsport 车队、TOP 车队、123 车队、ORBIT Racing Team、扬州红星车队、蜗牛车队、Speed One 车队、KCS 大西瓜赛车队、NOVA Racing Team 各车队也做好了准备，决赛争霸。

中国汽车摩托车运动联合会美桐春主任在开幕式上说道："在中国的卡丁车赛事有 20～30 场，而卡丁车赛事街道赛是很少见的，这样一个街道赛事的成功举办，不仅仅是一场比赛，也是一个很好的宣传，没有当地政府的支持是很难做到的，非常感谢昆山市政府的支持，感谢花桥区管委会以及相关部门对这项比赛付出的辛勤劳动，也感谢上海程稷体育发展有限公司的积极运行。这次比赛是特别的、不同寻常的，街道赛对整个城市宣传、对卡丁车赛事的宣传也起到了非常重要的作用，要比一场在赛车场里的卡丁车比赛宣传力度要大十倍百倍。这样的宣传也一定能带动整个城市的发展，也一定能够推动汽车运动的发展，能够让当地的青少年看到并了解汽车运动赛事，最后参与赛车，提高他们的业余文化生活，促进汽车运动的发展。"

昆山市委常委、花桥经济开发区党工委书记陈丽艳女士在开幕式上说道："国运盛，体育兴。新时代的中国正以昂扬的姿态走近世界舞台中央，我们的体育事业也迎来了蓬勃的发展。今天我们迎来了 2018RMCC 中国花桥首届卡丁车城市街道赛。此次大赛是中国首个国家级卡丁车城市街道赛，也是中国汽联首次在县级以下地区主办的卡丁车赛事。卡丁车运动被誉为是 F1（一级方程式赛车）的摇篮，是所有车手步入顶级方程式赛事的起点。昆山花桥毗邻上海 F1 国际赛车场和上海国际汽车城，众多上海赛车场的工程师、机械师、车手常驻花桥，区域优势明显、人才资源集聚，花桥是与上海赛车场合作打造车手青训梯队的最佳驰援地。"

在深化长三角区域一体化发展背景下，在昆山花桥举办本次赛事，不仅把昆山赛车体育事业推向更宽领域、更高层次，也为苏、沪两地文化体育事业交流发展开辟了新契机、新平台。城市的魅力在于涵养一种精神，而运动的魅力则是释放这种精神。卡丁车运动灵动风尚，魅力花桥尽显活力精致。2018RMCC 中国花桥首届卡丁车城市街道赛开赛，让我们一起加油，共同感受速度和激情，共同演绎拼搏和进取，共同追逐希望和梦想。我们相信，在花桥这座"青年城市"你一定可以实现超越。

模块九

便捷硅湖

感性导言

（背景音乐）

亲爱的同学们，来到硅湖，你们就来到了中国经济最活跃的长三角中心。

硅湖在昆山，昆山在苏州！

硅湖在花桥，花桥临上海！

在硅湖，你们不仅可以学到专业知识，更由于硅湖伫立在众多文化明珠之间，具有独特的地理环境、便捷的交通优势，能让你感受到最具风韵的江南水乡心跳、历史最悠久的吴越文化脉络和最具国际化的现代海派胸怀！

这里曾孕育了中国的近现代文明，唱响了现代化的繁华灿烂，更引领着新时代的新跨越！

希望你们沉下心来，融入新环境，感受这方水土带给你们的全新体验。

名人名言

出生在一座著名的城市里，这是一个人幸福的首要条件。

——欧里庇得斯

城市是各种行业的中心。

——威·柯珀

感人案例

案例一

周庄深度游，且行且感受

陆 森

狭窄的河道，悠悠的长廊，鲜红的灯笼，还有那绿酒似的深水，青青的小石桥，或泊或走的小船儿，仿佛我已在梦中去过千万遍，忽然才明白这也许就是别人常说的"情结"，我是对周庄充满"情结"的。如果让我形容周庄的模样，我似乎觉得一切语言都显得生硬和匮乏。那纵横交错的水巷，长满青苔的石桥，清软甜美的嗓音和着橹声，抚慰着旅人躁动不安的心，拥有江南典型的小桥流水人家，这就是周庄。有道是"上有天堂，下有苏杭，中间有个周庄"，被誉为"中国第一水乡"的周庄排名江南六大古镇之首，位于苏州东南边，昆山西南边，与昆山、苏州呈三角形状，交通便利。

周庄人心灵手巧，九百年来发展了不少高水平的传统工艺。周庄竹

笔记区

编、庄炉就是其中的代表之作。作为江南水乡的代表，苏绣、珍珠等江南特产在这里也是比比皆是。再买上几幅描绘水乡四季美景的装饰画，配以小巧精致的画框，就可以把水乡"带"回家了。感受着周庄文化街的热闹非凡，有开茶馆、设药铺的，有打铁、纺棉花的，有编竹器、捏面人的，有制木器、写书法的……来这里的游客放松心情，闲庭信步，能体味到平日里城市中少有的传统文化韵味。

随后我去到"张厅"，它是周庄镇仅存的少量明代建筑之一，原名怡顺堂，相传为明代中山王徐达之弟徐逵后裔于明正统年间所建，是典型的殷富人家的宅第。张厅正堂的墙上悬挂着一副对联引人注目，上联是"轿从门前进"，下联是"船自家中过"。对联极其形象地概括了张厅的建筑特色，即住宅跨河而建，房在河上，临窗下看，小船缓缓划过。这种与外世相连的建筑格局，在中国传统上确实别树一帜，焕发了游客安谧温馨的水镇情趣。同时，来周庄，不可不看沈厅。这是明清时期江南民居的代表作品，但人们来此更多的是探寻巨富沈万三的往事。沈厅原名敬业堂，由沈万三后裔沈本仁于清乾隆七年（公元1742年）建成。沈厅建筑面积庞大，一共有七进五门楼，大小100多间房屋。整个厅堂是典型的"前厅后堂"的建筑格局，气宇轩昂，布置精当。沈厅的第五进中，安放着江南豪富沈万三的坐像，他的面前有金光闪闪的聚宝盆。从四面八方来的人们，审视着这位600年前的吴中巨富，或是为了得到某些启迪和借鉴，或是为了满足祈福的愿望。沈厅中，砖雕门楼最为精美，下面是五层砖雕，布置紧凑。正中有匾额，刻有"积厚流光"四字，四周额框刻有精细的红梅迎春浮雕。砖雕门楼上还镌有人物、走兽及亭台楼阁等图案，包括《西厢记》《状元骑白马》等古典戏文，线条精细流畅，人物神态各异，栩栩如生。在一块长不盈尺的砖板上镌刻前、中、远三景，其刻工之精、构思之巧，足可与苏州网师园中的砖雕门楼媲美。

周庄处于万湖之中，村内的寺庙自然也浮在水上。全福讲寺共有五进，但部分建筑临湖架水，湖光水色衬映着黄瓦灰墙，颇有海天佛国的意境。与其他寺庙不同的是，该寺山门耸峙在南湖岸边，码头平卧碧波，游客可乘舟沿台阶登岸。可如果从陆路进庙，则观寺拜佛，顺序就全部颠倒过来了。全福讲寺历史悠久，始建于宋元佑元年（公元1086年），是邑人周迪功先生舍宅为寺，经历代不断扩建的成果。几百年来香火鼎盛，成为江南以经忏为主、沐佛恩光的名寺，也是游客来周庄的必游之地。

行走在周庄的古街中，感受着这份宁静，暂时忘却了学习的压力，也没有了生活中的鸡毛蒜皮，在这里大家只是为了同一个目的，乐在路上，途我自在。在旅途中释放自己，在旅途中每个人都可以像鱼儿在水里一样自由自在地畅游，在旅途中每个人都能体会到大自然给人带来的生机与活力，旅行可以释放你的压力，可以让你对生活产生不一样的看法。

  同学们你有没有特别想去旅行，但脚步又不知该迈向何方？有没有没事就刷微博看朋友圈？有没有睡觉前做的最后一件事是摸手机，醒来第一件事也是摸手机，包括上厕所也必然摸手机？有没有时不时会莫名的伤悲？其实这些都是压力大的综合征，如果你中两条，那么你真的该解压了，应立刻放下负担背起行囊结伴旅行。走了一圈回到双桥，已经傍晚，迅速填饱肚子，两菜一汤，然后，走在小桥岸边，眼看明清古建。水乡周庄，珍馐水产四时不绝，其中最有名的是"蚬江三珍"：鲈鱼、白蚬、银鱼。周庄还出产鳗鲡，"稻熟鳗鲡赛人参"，这句乡谚尽人皆知。此外，还有甲鱼、河虾等。还有，江南特产的腌菜苋、青团等也深受游人喜爱。数不尽的糕点熟食，犹如四季不败的花市。菜肴方面，据说是周庄巨富沈万三传制的"万三宴"，讲究时鲜，选料精致，色、香、味、形俱佳。特色菜有：万三蹄、三味汤圆、清蒸鳜鱼、蒸焖鳝筒、莼菜鲈鱼羹、姜汁田螺、塞肉油包、百叶包肉、炖豆腐干、焐熟荷藕等。

  夜景醉人，宝石蓝色的天空、平静的水面，尤其是水面像镜子一样把夜景复制到水里，美不胜收，如诗如画，走累了就停下脚步喝喝茶寄寄明信片。清晨的双桥，空无一人，空着肚子晃了一圈终于有早餐吃了。奥灶面，中国十大面条之一，是昆山市的传统面食小吃之一，属于苏菜系。到昆山游览，人们总要去"奥灶馆"品尝一碗奥灶面。奥灶面以红油爆鱼面和白汤卤鸭面最为著名。

  周庄之行，让我感受着古镇肃穆的历史，感叹江南水乡的精致，感慨旅行的意义，它不再是身体的游历，更多的是心灵的旅程。

有感而发

  几年前，我来到硅湖，一踏进校门，我的内心无比澎湃地告诉自己：

  大学，我来了！昆山，我来了！苏州，我来了！上海，我来了！我曾魂牵梦绕的最美江南，我来了！我在这里求学的三年，也一定是圆我江南梦的三年！

  其中，周庄是我的最爱！正是为了它，我才心中萌发了一定要来江南求学的愿望！

  终于，在一个轻风细雨的周末清晨，我走出硅湖大门，坐上校门口的公交车，到长途汽车站转乘专线车，独身前往心心念念的周庄！

笔记区

仅此一次,我真的看到了陆森在上面美文中描写的所有美景:

狭窄的河道,悠悠的长廊,鲜红的灯笼,绿酒似的深水,青青的小石桥,或泊或走的小船儿,仿佛我已在梦中去过千万遍……

我的周庄梦,终于圆满。(2017级物流管理专业:冯静娟)

▶ **扪心自问**

(1)昆山周庄这么美丽,我去过吗?
(2)昆曲这么好听,我听过吗?

名人名言

对于一个城市来说,最重要的不是建筑,而是规划。

——贝聿铭

乐者,天地之和也;礼者,天地之序也。和,故百物皆化;序,故群物皆别。

——《礼记·乐记》

案例二

最美的行囊

我只是渔火,你是泡沫
运河上的起落,惹起了烟波
我只能漂泊,你只能破
念一首枫桥夜泊,我再不是我——《苏州河》

听着熟悉的旋律,一首一首串起一个又一个地方的记忆,每去一个地方,总会单曲循环一首歌,念念不忘的是美好回忆。每到一个季节,都会想起曾经走过的地方,想起经历过的人和事,想起曾经呼吸过的那一片天,闭上双眸,让音乐带我梦回那心心念念的小城。在我的人生中,还从未有这样一个地方,对它熟悉又陌生,去过四次,还会有再想去的念想。苏州在我眼中,像是一杯清香扑鼻的热茶,淡淡的,又那样真实,品在嘴中留有回甘,即使只是坐在窗前,端上一本书,午后的阳光暖洋洋的洒在身上,似梦非梦,发呆打坐一下午,在苏州都不算是虚度。

苏州是我第二个故乡,我心中的苏州,最值得去的景点有:拙政园、留园、虎丘、平江路、狮子林、枫桥、寒山寺、同里古镇、山塘街、网师园。还有一个北寺塔,一个可以登上塔的最高处、也是老城区的最高点、能够俯瞰整座姑苏城的报恩寺。喜欢苏州,一直想为它代言,却只怕我只言片语道不尽它源远流长的历史、难以展现它最美丽与真实的模样，它的魅力，真的只有慢慢地、细细地才能感受得到。

平江路上有很多诸如"猫的天空之城"（猎空）之类的概念书店，来到这里不得不变得小资一点，来体验一次慢生活，享受一点小情调。平江路25号，坐落猫空中国总店。琳琅满目的明信片和各种可爱的小玩意早已是猫空具有代表性的，我最喜欢猫空一楼中堂处，露天古朴的庭院，很有历史的感觉，自然光透进来，白天若是运气好的话，会有阳光洒射在桌子上，一米阳光的惬意与舒适，夜晚仰望星空，满天的小星星，还有那永恒的一轮明月，如此生活，伴着回荡在平江路上的轻音乐，仿佛把你带进了另一种生活，一直寻找的那种真实与安宁的感觉。在猫空，它为你营造了一种轻松、舒适的环境，你可以随意挑选中意的明信片，写上祝福与诉说，也许只是只言片语，但以后回忆起来，都是一种美好。占地面积并不大的概念书店，一上一下都只能单行，人多的时候，楼梯上下水泄不通，两层的小阁楼，蕴藏着大智慧，承载着世界各地的祝福与诉说，道一声"你好"，说一句"我很好"。随处可见的明信片、便利贴、拍立得照片，还有留言的小纸条，都在和走过、看过的人说："我来过。"猫空很多这样的小玩意、小摆设，尤其让女生们爱不释手，还有很多非卖品，把整个猫空装点得温馨而富有生机。猫空是个很让人放松的地方，心中有无处发泄的情绪可以在这里的墙面上、台灯上、桌面上随处信手涂鸦，其中有很多智慧的创作，处处彰显艺术灵感，甚至很多匪夷所思的言论。在这里，你可以畅所欲言，没有束缚，没有压力。淡季来猫空的人很少，人多的时候，找一个空位都不是件容易的事，因而人少才能更好地感受和体会，猫空这样的地方，是一个适合疗伤的避所，是一个谈天说地、畅想未来的空间，是一个结束，抑或是一个开始，能够静下来，聆听心的声音。打开窗子，看到一只慵懒的小猫，我坐在窗里，写下此刻的心情"苏州，来过，就未曾离开"。

伏羲会馆，是平江路上的一家评弹茶厅，每一场都座无虚席，无论白天还是晚上，去年和今年走过路过伏羲会馆都会看到这位女先生在台上表演，简单的装束，用心的弹唱，面对来来往往、川流不息，在座不管是否懂得吴江文化，不变的是对这份艺术的热爱。平江路虽是一条傍河的小路，全长1 606米，却是苏州一条历史悠久的经典水巷，早在南宋时期，它就是当时苏州东半城的主干道，800多年来，不但平江路的河流形态、街道建制与原先基本相仿，而且至今还保留着水陆并行、河街相邻的水乡格局。从拙政园步行走来，大约20分钟就能走到平江路，进入平江路，会带你回到800年前枕河人家的生活，又好像回到了梦中

笔记区

的外婆家。湍湍不息的平江水，道出了源远流长的历史。早晨的平江路游人并不多，来来往往的很多都是骑车去上班或者送孩子去上学的人们，早起的老人有的在悠闲地遛狗，有的则聚在一起聊着家常，在我的眼中，他们是风景。很多时候都在想，不知道是否由于我们的到来，扰乱了寻常百姓平静的生活。走在平江路上，虽然这里已经成为远近闻名的景点，但依然洋溢着浓浓的生活气息，河岸边的人家有的在河边洗菜，有的坐在门口晒着太阳，枕河人家的小平房几乎都是一个样子，人字形的屋顶，斑驳的老墙，晒褪了漆的阁楼门窗，粗陋的套图里、花盆里种着不知名的小花，小小的细节，也透露着水岸人家生活的精致情调。同时，苏州的吴侬软语，值得细细品味的历史韵味，有如小桥潺潺流水般的源远流长。最爱姑苏老城，那里的历史建筑完好地保存了下来。待在一座城，仿佛忘记了紧张忙碌的生活，仿佛找到了生活中遗失的那段记忆。真的很喜欢苏州的慢生活，在忙碌城市待久了，就特别地怀念这种惬意的生活。坐在桥边，一个回眸，一个转身，就能邂逅一段友情，抑或是爱情。很喜欢清晨来到这里，可以看到家家户户卸

门板，升起炊烟，打扫门前，准备迎接新的一天。

平江路历史名街，是我非常喜欢的地方，如果说平江路只有小资和小情调的话，那就太不了解平江路了。平江路有着历史悠久的平江河，一边是比较现代的特色商铺，有特色的美食、个性的书店、琳琅满目的小玩意等；一边则是寻常百姓家，宁静古朴的白墙青瓦，漫步在青石板路上，抚摸着斑驳的老墙，感受到的是历史与现实的相交相融。

说到美食，要推荐一个好去处，"三味养生馆"：美味和养生兼备的一家颇具特色的饭馆，人均消费40~50元。清清淡淡，以"蒸""煮""炖"为主要烹饪方式，店内两层，木质的椅子和桌子，临街的桌位要提前预订，11点左右到店如果幸运的话，也能有临街的座位，看着来往的行人，奔波了一天的疲惫，在美食的给养下，顿时神采飞扬，美哉美哉。

看那精雕细刻的小鱼，鱼脊椎红色的是红豆，鱼身由糯米制成，口感黏黏糯糯并带有淡淡的红豆甜味，因为有了菠萝的衬托，油而不腻的牛腩吃在嘴中鲜美嫩滑，伴有酸酸甜甜的菠萝味道。营养丰富的口蘑配上南方的香葱，羊肉煲营养丰富，还配有山药、红枣、当归、枸杞等中药材，丝瓜被挖去一半的瓤，用蒜泥填满了，白白的小虾仁，中间是粉丝，蒜泥浇上油，再撒上香葱。三味养生馆的菜味不但鲜香、给人健康的饮食，并且注重细节，精致而美味。远处排满人的就是整个平江路上最有名的鸡脚，做得非常好吃，没有腥味，清淡而鲜香，值得一尝。门

口放了很多桌椅，店家为买家提供了一次性的手套，可以尽情地享受鸡脚带来的美味和乐趣。梅花糕、海棠糕是苏州非常有名的小吃甜点，主要以新鲜的海棠和梅花酿成。另外，平江路上还有很多小面食，形如金元宝的紫薯元宝、碧绿的青团子、嘟嘟的粉粉小猪，还有很多可爱模样的、价格味道各不相同、如此秀色可餐的精致

小面食，甚至让人不舍得吃下去。赤豆圆子，一大碗，两人吃足够，桂花味道很浓厚，红豆的香味，糯糯的圆子，非常美味。

此外，苏州不单是园林，很多的建筑都是对称，讲究的是对称美，走过这座桥，离传说中的枫桥越来越近。雨后的天空朵朵白云，湛蓝的天空，为枫桥带来更多的美感。苏州非常彰显细节，很多不起眼、不经意的地方，都能发现美，河岸边的路灯，古典雅致，可以想象夜晚，灯光照耀，上面的竹子一定会更加的逼真。唐灯，灯呈六角形，紫铜浇铸，高六米，重六吨，寓意六六大顺，为景区南部标志性景观。苏工核雕，里面有一个小作坊，两位师傅在现场雕刻，小小的工具，小小的核桃，令人称赞的工艺，融合了现代潮流，不但有传统的样式，还有像是小朋友喜欢的卡通图案。枫桥，初名"封桥"，始建年代无考，古为京杭大运河要塞，因张继《枫桥夜泊》一诗名扬海内外，四方游士均仰其名纷至沓来。比起拙政园、狮子林、虎丘这样的景点，枫桥景区这里显得很清幽，即使有人，也都集中在枫桥之上，因为景区没有夜票，为能完全契合诗中的那时那景，可在接近傍晚的时候走进枫桥景区，此时没有熙熙攘攘的人群，再回想诗中的一字一句，在水边凉风习习，诗中的意境便油然而生。闻诗而来，只为不负等待，其实拙政园早已成为中国古典园林的首个代表园林，如今已和故宫一样，无论何时来到这里，都有些人满为患，不便宜的门票价格，依旧阻挡不住人们来拙政园游玩的脚步。好像何时来拙政园都避开不了拥挤的人群，但大多数的人都集中在主路上，而我喜欢找人少的地方走，或许偏离了推荐的最佳游览线路，不能完全按部就班地游览，但清静的地方，能更好地亲近这座经典的历史园林。园中有一大片花园，种植了各种花花草草，颜色甚是丰富多彩，走在花间，伴着采蜜的蜜蜂，仿佛自己也是在争艳的一位花仙子。走过一个长廊，两侧都是各种吊篮的花草，一些路

边的小野花经过花匠门的精心修剪与独特搭配，让整个园内充满生机，

笔记区

像极了一个植物花园。最喜欢这种花，以前还未见过，两层花瓣，第一眼看上去，很难相信它是真花；良好的温度和湿度，使得树木在这里生了根，惹得花儿笑开了颜，泥土里、墙头边，仿佛只要落下一粒种子，就能够在这里生根发芽。苏州园林讲究的是细节，就连窗子上、门上都精雕细刻着人物和风景，仔细看去，每一个都不一样，仿佛在诉说一个又一个的故事，如今已经镶上玻璃罩子，因为如此珍贵的历史财富，需要呵护，但即使只是远远地看着，仍然由衷地佩服古人的智慧和技艺。另外，每天这里都会表演现场刺绣，如此近距离看真人刺绣，娴熟的技艺、令人叹为观止的作品，难怪令国外游客都竖起大拇指。这幅"策马奔腾"的作品，定睛一看，每一针，甚至马儿身上每一缕毛发，丝丝都彰显得淋漓尽致。很喜欢这样的画面，琴瑟和谐得超凡脱俗，和志同道合的人品茶畅谈人生百态，一花一叶，生活就是那么简单。有多少个刹那，此情此景把我带进了一个美好的梦境，貌合神离的就这样跟着感觉走。每次进苏州园林，我都幻想是几百年前，我就是这家府邸的女主人，有琴瑟相伴，面朝水塘，背靠假山，左有竹亭，呼吸中有旧时老家具的味道。真的好羡慕曾经拥有过这家宅子的人，哪怕曾经拥有，都是莫大的幸福。在苏州园林，经常会遇到一些扛着长枪短炮，手中拿各种设备，有很多都是上了年纪的爷爷奶奶们，依旧乐此不疲地拍着心仪的照片。也许，在他们心里，不单是为了照出美美的照片，更多的是享受这个过程。用相片记录走过、看过、经历过的人与景，回忆都多了几分生动形象。在快要离开拙政园的时候，一位在亭内作画的老爷爷勾起了我的好奇。我走上前想要拍下爷爷随兴作画的画纸，没有想到的是老爷爷竟主动从包内拿出了装订成册、大概有一厘米厚的精致画册，里面都是老爷爷多年来写生、创作的作品，全部是园林画，我们一边看着，老爷爷一边在讲述着它和园林的故事。原来，老爷爷是一位退休教师，80多岁的高龄，牙口不好，吃一口饼干，还要就着一口水。随后，越来越多的人聚集在这个本来就不大的亭子，就在我们欣赏老爷爷的画作的时候，只听见在和亭下的一位老农说："不要拔这里的笋子，一年就长这么一点，要摘去山里摘，那里很多，不要在这里摘了。"本来就说话不利索的老人，在看到别人破坏自己深爱的一草一木时流露出的那种责任心，深深触动了我。园林是小巧的，老爷爷的心是博大的，一个退休老教师不是在这里商业化地推销炫耀自己的画作，而是静静地在这里发挥着自己的余热。对于一直放在老爷爷包里那几本印刷成册的画册，很想买一本带回家，沉甸甸的凝聚着老人的那份热爱和多年积攒的心血，这些画在老爷爷的笔下更加富有了感情。曾经，匠心独运的设计者、建筑师给后人留下了如此值得考究、富有价值的历史遗产，我们感恩。如今，在生活还有很多像老爷爷这样的人，他们用简单的画笔，活灵活现地将庭院建筑跃然纸上，活脱是曾经的设计图，甚至比设计图还要精致，它蕴含了笔者的一份寄托和热爱。我看到了它是有生命的，若是能有越来越多像老爷爷这样的有心人，我想即使再多的历史遗迹和文化，我们也会继承下去。作别拙政园，这一次，它留给我更多的思考，只想说，民间自有高人在，景美人心更可贵。北方建筑大多大气磅礴，与南方的园林相比较，是一个很好的对比，故宫在于整体的一个气势雄伟，而江南水乡的座座园林，能让人真正体会到建筑者蕴含在一砖一瓦中的用心、一雕一刻中的精致，注重细节是它最大的特色，俯瞰整个园林，占地面积并不大，但有时候，你感觉走到了走廊的尽头，可实际上却没有，如此匠心独运的设计，其实正引领你走进了另一片天地。如此"柳暗花明又一景"的留园作为四大园林之一，吸引人来留园还有一个原因，就是在拙政园的博物馆看到了一个建筑模型，厅堂中的摆设和建筑与众不同，大气而婉约，转了一圈，细细打量着微缩模型，就有来留园看一看的冲动。踏进这座园林，一座大大的屏风将园内与园外很好地分隔开，留园很有特色，听当地的导游说，最初进留园的大门不是我们如今走的这条路，而是园内一座假山前面的这道门，用假山做门口的屏障显示出这家主人的智慧和用心，从安全和私密的角度，这样很好地阻隔了园内和园外，同时用假山，让走过门前的人们觉得这家很有生气，门外是一个世界，门内亭台楼阁，鸟语花香，真可谓"一花一世界，一树一菩提"，主人生活在这样美好的环境之中，是多么羡煞游人啊。午后，在如此幽雅的竹林中喝一杯清茶，听一听评弹，是怎么样的舒适与惬意？留园的核心地方，栈桥上人来人往，桥上的人看风景，美不胜收。

来过，就从未离开，因为它一直在心里。"上有天堂，下有苏杭"真如此。粉墙黛瓦的老城区，就连它的一个公交车站都像是苏州园林的一个小亭子。站在苏州的大街上，能感受到现代化的速度感，但沿街的店铺，又都非常有江南的气质之美。

苏州城，江南水乡，千年古城，让我做了一个美丽的梦。

 有感而发

在我小的时候，我的妈妈就从新疆来苏州打工。她总在电话里说，苏州很美很美，要我长大后到苏州看她。

后来我长大了，心中对苏州似乎有了一种执念，总想靠近它，靠近这个我妈妈待过、夸过的城市，看看和新疆有哪些不同，甚至还傻傻地想：苏州难道会比新疆还美吗？

2015 年，我考入硅湖学院，终于踏上了苏州的土地！

军训结束的第二天，我就按捺不住兴奋，一早就从学校门口出发，坐上校门口的公交车直达昆山高铁站，15 分钟高铁就到达了苏州城！

接下来，我按照"最美的行囊"的指引，在苏州城内、城外游览了整整两天！那个感觉，至今难忘！终于，妈妈的话变成了我真切的感受！

可能是我们全家都对苏州太过于热爱，2017 年终于举家定居苏州！我再也不用和父母分别，再也不用靠电话牵挂对方了！

笔记区

笔记区

苏州成了我的家！我也成了新苏州人！（艺术设计专业 2015 级：王娜娜）

▶ 扪心自问

（1）我心目中的苏州是一个什么样的城市？

（2）我去苏州看过吗？

名人名言

评价一座城市，要看它拥有多少书店。

——鲁宾斯坦

以建筑、地景、城市规划三位一体，构成人居环境科学的大体系中的"主导专业"。

——吴良镛

案例三

上海印象——学生游记

上海人总能把世俗的日子、烦琐的小事当成一件精美的作品来细心构思，并全力以赴地去完成，一座近乎完美的大都市都有上品文章所应有的美点。

在上海仅仅待了两天，然而归来时一下地铁，嘈杂建筑群落里，却顿感自己也有种黯然失色的怅然。

刚刚归来，我的喜悦竟已铸就了一种铭心的怀念，如诗，如梦，如一张淡淡的泛黄的旧照片。

然而，当我坐在电脑前，很想将我在上海的游记时光，用文字编织成一扇古色古香的精彩窗子，将藏着无数色彩斑斓的惊喜，通过这扇窗全部呈现出来时，才发觉文字的表述是这般苍白无力、干涩无味：在满园的昭光和空想下酝酿出的豫园，在冬日里姹紫嫣红的梅花和一汪翡翠湖水渲染着的气氛，那种红楼幽远古老的味道，伴随着上海的光、影、出其不意的层层叠叠的景点……全部幻化成一种细小的碎片，捕捉起来，真有种力不从心的贫乏。

那是一种非常奇特的感受，好像是我通过张爱玲晶莹剔透的文字长廊，来到一直遥想着却总也到达不了的天边的一座奇妙的玫瑰园。

可是当我有一天，轻轻叩响了那扇门时，才发觉它一直就是开在我窗口的玫瑰，一瞬间全部放开，似一团火，像一盏灯，如一切熟悉如故的乡音。

据说豫园，是老城厢仅存的明代园林；据说，所有到过上海的人，不去素有"奇秀甲江南"之誉的豫园，就等于是没有到过上海……我早已对朋友们嘴里娓娓流淌的豫园风情充满向往。

豫园内，楼阁参差，山石峥嵘，湖光潋滟。距今已有400余年历史。园内有穗堂、大假山、铁狮子、快楼、得月楼、玉玲珑、积玉水廊、听涛阁、涵碧楼、内园静观大厅、古戏台等亭台楼阁以及假山、池塘等40余处古代建筑，它设计精巧、布局细腻，以清幽秀丽、玲珑剔透见长，像颗璀璨的明珠般处处吸引着人的眼球。

我特意去参观了城隍庙九曲桥畔的绿波廊餐厅。提起绿波廊，上海朋友们脸上满是一种自豪的表情，他们介绍说那是一家扬名国内外的本帮菜馆，以精美的菜点、周到的服务成功地接待了40余批外国元首贵宾，其中包括英国女王伊丽莎白、美国总统布什等。

坐在布局彰显着老店独特意味的绿波廊临窗的位子，透过红木雕花小窗欣赏着九曲桥的风景，看着邻桌的日本游客不时伸着大拇指的表情，还没品尝美食，我的心就有种浓浓的、甜甜的沉醉感。

后来我品尝的早点是鲜得来的百年小排年糕，我原以为它像湖北的糍粑，不过是如鲁迅所言，只是换了一个地方，烹制的方法不同，所以换了一个名称而已。事实上，当片片金灿、散发着微甜气息的年糕上叠加着一个煎鸡蛋和一块黄澄澄的酥香排骨，装在白瓷盘里端上来时，感觉它更像是西餐。然而，白瓷碗里的肉丸、豆皮丸汤洋溢出来的缕缕芬芳，分明证明这是一个中西合璧的早点。餐间，听到厨师郑重其事地说："看，我们上海人多实在！"突然间觉得这师傅很可爱，他认真的样子、骄傲的语气，让我不禁开始喜欢这道小吃了。

去到临江公园，感受着它的清幽；陈化成纪念馆的肃穆，上海淞沪抗争纪念馆的浩然之气，望江楼前那座不忘历史的警钟，保存得完好无损的战时衣、场上炮以及奏折，不仅彰显着每个特殊的时代，似乎还在向我昭示着：能在时间长河里保存下来，流传下来的，除了英豪的爱国之气，还有笔墨记录下来的关于自己的思想……

在长江、东海的汇入口，一望无边的水面上，万吨轮船的大气，与岸边上恋爱男女刻下的恋爱誓言，亦庄亦谐，相映成趣：家，是海面轮船永远的港湾，而家室温馨的少男少女们，则总喜欢将爱的表白铭刻在充满风险浪尖的堤岸上。

笔记区

笔记区

📓 **有感而发**

早听闻，花桥是上海的后花园，是嵌入上海的"半岛"，东、南、北三面都被上海紧紧地拥抱着，好像被上海捧在手心里！

坐上公交车，几分钟时间就可到达 11 号地铁站，直奔上海。

据悉，11 号线是全上海最长的一条地铁线，途经男生的热血王国——上海赛车场（据说我最爱的作家、赛车手韩寒经常来这里赛车呢！）。

更令我高兴的是，11 号线从花桥起点站出发，终点站是点亮了千万童年梦想之光的魔幻王国、米老鼠唐老鸭的家乡——迪士尼！

唯有不辜负，方能归初心。上海的繁华精彩、旅行者笔下的上海故事，无一不体现出上海的魅力。

我自豪，我在硅湖，我就在上海！

▶ **扪心自问**

（1）我了解什么是"海派文化"吗？
（2）我觉得上海虹桥的发展会影响花桥吗？

名人名言

中国的城市化与美国的高科技发展将是深刻影响 21 世纪人类发展的两大主题。

——斯蒂格利茨

一座城市就像一棵花、一株草或一个动物，它应该在成长的每一个阶段保持统一、和谐、完整。而且发展的结果决不应该损害统一，而要使之更完美；决不应该损害和谐，而要使之更协调；早期结构上的完整性应该融合在以后建设得更完整的结构之中。

——霍华德

感动体验："开火车"

【活动目的】

（1）通过体验，让学生熟悉苏州的地名，更加了解苏州的名胜景点。

（2）通过活动可知，以团队的形式一起做活动可以增强团队合作意识，锻炼团队协作能力，而且可以锻炼大家的集中注意力，训练大家的反应能力。

【活动准备】

（1）多媒体教室一间。

（2）准备苏州名胜景点介绍相关视频，如《拙政园》。

（3）助教（或学长）两人。

【活动导言】
　　苏州是有千年历史的古城，又是最具生机和活力的现代化城市。它是小桥流水人家的江南水乡；又是碧波浩淼、秀丽多姿的太湖；它是冠绝天下的精致园林，又是粉墙黛瓦的传统民居；它是吴中第一名山虎丘，又是夜半钟声到客船的寒山寺；它是先忧后乐的范仲淹，又是不战而屈人之兵的孙武子；它是昆剧、评弹，又是丝绸、苏绣。下面老师就陪大家一起走进苏州，记住它的美。

【活动过程】
（1）导师分配小组人员到指定地点。
（2）每个小组说出一个苏州名胜地点，代表所在小组，其余小组不可重复。
（3）游戏口令是假设第一组名字叫"寒山寺"，第二组名字叫"金鸡湖"，游戏口令设置为："开啊开啊开火车，寒山寺的火车就要开。"大家一起问："往哪开？"第一组齐声说："往金鸡湖开。"这时金鸡湖的小组不能有迟疑，必须马上接着说去另外一个地名，如该小组没有反应过来，则挑战失败。
（4）挑战失败的小组派代表来介绍代表自己小组的苏州特色景区或地名。
（5）导师点评："自古江南多才俊"，这座有着几千年悠久历史的名城苏州，更是名人辈出，在深厚的文化底蕴下，孕育了一代又一代的苏州人，可谓是"物华天宝，人杰地灵"。那么，苏州有多少美景？历史上的苏州出了多少名人？作为一名新苏州人，该如何去领略？如何去了解苏州的文化呢？相信通过刚才的体验活动，我们心中已经有了答案。

感悟分享

（背景音乐）
1. 导语
　　苏州作为千年的历史古城，承载着厚重的历史积淀，而那些历史的遗址、遗迹更是苏州传统文化的缩影。通过对苏州游览和刚才的感动体验，相信大家也一定收获了很多除课本之外的知识和感悟，请大家分享一下自己的感受：
（1）苏州最让你印象深刻的景点是何处？
（2）能简单介绍苏州的特色传统文化吗？对于这些文化你了解多少？
（3）你在本次活动中的感受是什么？

2. 小组分享
以各小组为单位进行感悟分享。

3. 大组分享
由各小组推荐或自荐一名同学上台进行感悟分享。

笔记区

笔记区

亲历感言（学生填写）

(1) _____

(2) _____

(3) _____

活动点评（老师填写）

(1) _____

(2) _____

(3) _____

感恩结语

感恩昆山，没有忘却水乡旧事，一个含着江南韵味的现代都市。

感恩苏州，留住了河道和舟楫，守住了岁月与过往，我们感受它的温柔舒适，探索千百年前的旧时光，待我们回到自己的城市，偶然想起苏州，会让忙乱疲惫的自己，长吁一口气回忆起什么是生活！

感恩上海，它本身就是一种矗立着的艺术，每个人物的生命史、每串脚步、每座建筑、每束光，甚至是一餐一饮都是它的华丽呈现。

感恩硅湖，让我们缘聚江南！

名人名言

城市必须不再像墨迹、油渍那样蔓延，一旦发展，他们要像花儿那样呈星状开放，在金色的光芒间交替着绿叶。

——帕特里克·格迪斯

田野和树木没有给我一点教益，而城市的人们却赐给我颇多的教益。

——苏格拉底

感奋践行

(1) 写一文：《我眼中的昆山》。

(2) 做一事：到昆山、苏州或者上海的其中一处名胜走一走、看一看。

名人名言

人活着不是为了碌碌无为度过一生，我们活着就是要给我们生活其中的社会添上一点光彩。

——巴金

文化是城市发展的灵魂，也是历史文化名城独特的宝贵财富。在城市发展的长河中，城市发展的历史其实就是一部文化发展的历史。一个王朝的兴衰荣落，乃至一代文明的缔造和湮没，多见于城市文化的兴衰历史。

——谭仲池

拓展阅读

阅读一

昆山对接上海，新时代唱响又一幕唯美"昆曲"

2001年5月18日，联合国教科文组织公布首批19项世界非物质文化遗产，昆曲成功入选。2018年迎来建团40周年的上海昆剧团，为隆重纪念昆曲入遗，推出"霓裳雅韵·兰庭芳菲"系列演出。发源于昆山的"百戏之祖"昆曲，每年都会在上海演出约300场次，焕发出青春活力。600岁的昆腔盛宴，姹紫嫣红满园。进入新时代，党的十九大报告提出"实施区域协调发展战略"，开启长三角更高质量一体化发展的新阶段。对接上海，昆山进一步强化"融入、配套、服务、协同"的理念和定位，"学上海所长、创昆山之新"，在最好的时代唱响了又一幕唯美的"昆曲"。

搭上海快列，走"昆山之路"

"近沪楼台先得月"。昆山与上海地域相连、人缘相亲、经济相融、文化相通，渊源深厚。

1989年，国务院批准昆山撤县设市。与上海比邻的昆山，自改革开放之初便提出"东依上海、西托'三线'、内联乡镇、面向全国、走向世界"的发展思路，从而搭上了上海发展快车，走出了率先发展、科学发展、和谐发展的"昆山之路"，连续13年位列全国中小城市综合实力百强县市之首。

历史上，昆山县域曾广至现嘉定区全境及太仓、青浦、宝山、松江等地。唐宋年间，先后在昆山境内设立华亭县和嘉定县，昆山县衙也从松江小昆山迁至现在的玉山镇。1952年嘉定、青浦划归上海。

在历史长河中，昆山与上海的关系千丝万缕，难分彼此。教育家、上海麦伦中学校长孙体兰，翻译家、上海制造局赵诒琛，音乐家、上海音乐专科学校校长丁善德，历史学家、华师大教授、博导王学范等，长于昆山，服务上海，为沪昆两地开创事业、赢得荣誉。发源于昆山的昆曲，在上海昆剧团的舞台上传承、发扬，名闻四海。

琼花礼赞聚八仙，玉兰飘香溢四海。昆山，人杰地灵的一方诗意栖息地，中国第一水乡周庄、全国历史文化名镇千灯浓郁的水乡风貌早已成为上海人的镜中画；"阳澄湖美、巴城蟹肥"，每年金秋时节都会吸引大批来自上海的"啖蟹客"；昆山人在昆曲的舞台上长袖善舞，与上昆形成婉转悠扬的呼应；"昆山，很海派"，是上海人对昆山人敢于开拓、勇于创新，走出以外向型经济为特质的"昆山之路"的赞许。

笔记区

连接着天地古今的文脉，承担着改革发展的大任。在长三角更高质量一体化发展的新蓝图上，昆山正为寻梦者铺上彩云梯、架起彩虹桥，让梦想照进现实。

"不是上海，就在上海"

回顾昆山的发展历程，每一步发展、每一次转型，都离不开上海的溢出、辐射和带动。可以说，昆山改革发展史就是一部对接融入上海史。昆山经济技术开发区创建于 1984 年，1992 年 8 月成为国家级经济技术开发区。1984 年，沐浴着改革开放春风的昆山，率先自费建设"工业新区"，面对缺乏资金、缺乏设备、缺乏技术人员，几乎所有的工业要素都不齐全的状况，昆山却牢牢抓住一个得天独厚的优势——"靠上海近"，这成为它拉动发展的关键所在。从此，"要发展靠上海"成为昆山的理念指引。

回顾过去，昆山第一家上市公司三山集团，由金山、宝山、昆山三地合作创办；上海老字号品牌金星电视、凤凰自行车与昆山合营，奠定了昆山早期工业基础；20 世纪 80 年代，一大批上海籍的技术人才驻留昆山，奉献青春；"星期天工程师"们奔波于沪昆两地，为昆山解决发展难题。后来，沪宁高速、京沪高铁和虹桥机场的建设运营，更是为昆山腾飞插上了翅膀；抓住浦东大开发的时代机遇，更让昆山这个小城走向了世界。

进入 21 世纪，比邻上海的区位优势，从"接轨"变成"融入"，由"双城"转为"同城"，沪昆"同城效应"在日常点滴中日益显现。2013 年 10 月 16 日，上海轨交 11 号线驶入花桥，成为全国首条跨省地铁，五年来日均客流量超过三万人次。目前，昆山境内与上海共规划对接 17 条主要道路。青浦区盈淀路和昆山市锦淀公路对接工程启动建设，通过各自审批、委托代建等创新模式，相隔 1 280 米的两条跨省"断头路" 2018 年 9 月将"合体"。沪昆公共交通卡实现两地同刷，为两地人民往来提供了便利。昆山八家公立医院分别与上海 14 家三甲医院建立长期合作，每月 40 余位上海专家固定在昆山各医疗机构坐诊。昆山市二院挂牌成立复旦大学附属肿瘤医院分中心、肿瘤防治一体化医疗联合体，打通了沪昆两地肿瘤诊疗的"绿色通道"。

"不是上海，就在上海"的同城优势，正在使沪昆两地完美"合体"，书写长三角更高质量一体化发展的融合样本。

用"上海思维"，书写高质量发展新篇，对接融入上海，在昆山已呈现出"全方位、多领域、深层次"的共识与实践。用"上海思维"审视昆山工作，培养"上海眼光"和"上海味道"，这篇"临沪"大文章写满了昆山人推进长三角更高质量一体化发展的智慧和力量。

随着长三角一体化与高质量发展同频共振，从决策到协调再到执行，各级各层面的区域合作机制不断完善。作为与上海一衣带水的近邻，昆山提出打造成为上海建设"全球城市"的门户区、上海改革创新经验复制的先行区、上海科技产业跨区发展的首选区、上海市民生活休闲旅游的共享区，全力打造长三角一体化发展深度融合示范区。

阅读二

余秋雨：《白发苏州》

前些年，美国刚刚庆祝过建国200周年。洛杉矶奥运会的开幕式把他们两个世纪的历史表演得辉煌壮丽。前些天，澳大利亚又在庆祝他们的200周年，海湾里千帆竞发，确实也激动人心。

与此同时，我们的苏州城，却悄悄地过了自己2 500周年的生日。时间之长，简直有点让人发晕。

入夜，苏州人穿过2 500年的街道，回到家里，观看美国和澳大利亚国庆的电视转播。窗外，古城门藤葛垂垂，虎丘塔隐入夜空。

在清理河道时，人们说要将此地变成东方的威尼斯。这里河道船楫如梭的时候，威尼斯还是荒原一片。

苏州是我常去之地。海内美景多得是，唯苏州，能给我一种真正的休憩。柔婉的言语、姣好的面容、精雅的园林、幽深的街道，处处给人以感官上的宁静和慰藉。现实生活常常搅得人心志烦乱，那么，苏州无数的古迹会让你熨帖着历史走一定情怀。有古迹必有题咏，大多是古代文人超迈的感叹，读一读，那种鸟瞰历史的达观又能把你心头的皱折慰抚得平平展展。看得多了，也便知道，这些文人大多也是到这里休憩来的。他们不想在这儿创建伟业，但在事成事败之后，却愿意到这里来走走。苏州，是中国文化宁谧的后院。

做了那么长时间的后院，我有时不禁感叹，苏州在中国文化史上的地位是不公平的。历来很有一些人，在这里吃饱了，玩足了，风雅够了，回去就写鄙薄苏州的文字。京城史官的眼光，更是很少在苏州停驻。直到近代，吴侬软语与玩物丧志同义。

理由是简明的：苏州缺少金陵王气。这里没有森然殿阙，只有园林。这里摆不开战场，徒造了几座城门。这里的曲巷通不过堂皇的官轿，这里的民风不崇拜肃杀的禁令。这里的流水太清，这里的桃花太艳，这里的弹唱有点撩人。这里的小食太甜，这里的女人太俏，这里的茶馆太多，这里的书肆太密，这里的书法过于流利，这里的绘画不够苍凉遒劲，这里的诗歌缺少易水壮士低哑的喉音。

于是，苏州，背负着种种罪名，默默地端坐着，迎来送往，安分度日。却也不愿重整衣冠，去领受那份王气。反正已经老了，去吃那种追随之苦作甚？

说来话长，苏州的委屈，2 000多年前已经受了。

当时正是春秋晚期，苏州一带的吴国和浙江的越国打得难分难解。其实吴、越本是一家，两国的首领都是外来的冒险家。先是越王勾践把吴王阖闾打死，然后又是继任的吴王夫差击败勾践。勾践利用计谋卑怯称臣，实际上发愤图强，终于在十年后卷土重来，成了春秋时代最后一个霸主。这事在中国差不多人所共知，原是一场分不清是非的混战，可惜后人只欣赏勾践的计谋和忍耐，嘲笑夫差的该死。千百年来，勾践的首府会稽，一直被称颂为"报仇雪耻之乡"，那么苏州呢，当然是亡国亡君之地。

细想吴越混战，最苦的是苏州百姓。吴越间打的几次大仗，有两次是野外战斗，一次在嘉兴南部，一次在太湖洞庭山，而第三次，则是勾践攻陷苏州，所遭惨状一想便知。早在勾践用计期间，苏州人也连续遭殃。勾践用煮过的稻子上贡吴国，吴国用以撒种，颗粒无收，灾荒由苏州人民领受；勾践怂恿夫差享乐，亭台楼阁建造无数，劳役由苏州人民承担。最后，亡国奴的滋味，又让苏州人民品尝。

传说勾践计谋中还有重要一项，就是把越国的美女西施进献给夫差，诱使夫差荒淫无度，慵理国事。计成，西施却被家乡来的官员投沉江中，因为她已与"亡国"二字相连，霸主最为忌讳。

苏州人心肠软，他们不计较这位姑娘给自己带来过多大的灾害，只觉得她可怜，真真假假地留着她的大量遗迹来纪念。据说今日苏州西郊灵岩山顶的灵岩寺，便是当初西施居住的所在，吴王曾名之"馆娃宫"。灵岩山是苏州一大胜景，游山时若能遇到几位热心的苏州老者，他们还会细细告诉你，何处是西施洞，何处是西施迹，何处是玩月池，何处是吴王井，处处与西施相关。正当会稽人不断为报仇雪耻的传统而自豪的时候，他们派出的西施姑娘却长期地躲避在对方的山巅。你做王他做王，管它亡不亡，苏州人不大理睬。这也就注定了历代帝王对苏州很少垂盼。

苏州人甚至还不甘心于西施姑娘被人利用后又被沉死的悲剧。明代梁辰鱼（苏州东邻昆山人）作《浣纱记》，让西施完成任务后与原先的情人范蠡泛舟太湖而隐遁。这确实是善良的，但这么一来，又产生了新的麻烦。这对情人既然原先已经爱深情笃，那么西施后来在吴国的奉献就太与人性相背。

前不久一位苏州作家给我看他的一部新作，写勾践灭吴后，越国正等着女英雄西施凯旋，但西施已经真正爱上了自己的夫君吴王夫差，甘愿陪着他一同流放边荒。

又有一位江苏作家更是奇想妙设，写越国隆重欢迎西施还乡的典礼上，人们看见，这位女主角竟是怀孕而来。于是，如何处置这个还未出生的吴国孽种，构成了一场政治、人性的大搏战。许多怪诞的境遇，接踵而来。

可怜的西施姑娘，到今天，终于被当作一个人、一个女性、一个妻子和母亲，让后人细细体谅。

我也算一个越人吧，家乡曾属会稽郡管辖。无论如何，我钦佩苏州的见识和度量。

吴越战争以降，苏州一直没有发出太大的音响。千年易过，直到明代,苏州突然变得坚挺起来。

对于遥远京城的腐败统治,竟然是苏州人反抗得最为厉害。先是苏州织工大暴动,再是东林党人反对魏忠贤,朝廷特务在苏州逮捕东林党人时,遭到苏州全城的反对。柔婉的苏州人这次是提着脑袋、踏着血泊冲击,冲击的对象,是皇帝最信任的"九千岁"。"九千岁"的事情,最后由朝廷主子的自然更替解决,正当朝野上下齐向京城欢呼谢恩的时候,苏州人只把五位抗争时被杀的普通市民,立了墓碑,葬在虎丘山脚下,让他们安享山色和夕阳。

这次浩荡突发,使整整一部中国史都对苏州人另眼相看。这座古城怎么啦?脾性一发让人再也认不出来,说他们含而不露,说他们忠奸分明,说他们报效朝廷,苏州人只笑一笑,又去过原先的日子。园林依然这样纤巧,桃花依然这样灿烂。

明代的苏州人,可享受的东西多得很。他们有一大批才华横溢的戏曲家,他们有盛况空前的虎丘山曲会,他们还有了唐伯虎和仇英的绘画。到后来,他们又有了一个金圣叹。

如此种种,又让京城的文化官员皱眉。轻柔悠扬,潇洒倜傥,放浪不羁、艳情漫漫,这似乎又不是圣朝气象。就拿那个名声最坏的唐伯虎来说吧,自称江南第一才子,也不干什么正事,也看不起大小官员,风流落拓,高高傲傲,只知写诗作画,不时拿几幅画到街上出卖。

不炼金丹不坐禅,不为商贾不耕田,

闲来写幅青山卖,不使人间造孽钱。

这样过日子,怎么不贫病而死呢!然而苏州人似乎挺喜欢他,亲亲热热叫他唐解元,在他死后把桃花庵修葺保存,还传播一个"三笑"故事让他多一桩艳遇。

唐伯虎是好是坏我们且不去论他。无论如何,他为中国增添了几页非官方文化。人品、艺品的平衡木实在让人走得太累,他有权利躲在桃花丛中做一个真正的艺术家。中国这么大,历史这么长,有几个才子型、浪子型的艺术家怕什么?深紫的色彩层层涂抹,够沉重了,涂几笔浅红淡绿,加几分俏皮洒泼,才有活气,才有活活泼泼的中国文化。

真正能够导致亡国的远不是这些才子艺术家。你看大明亡后,唯有苏州才子金圣叹骂声震天,他因痛骂而被杀。

近年苏州又重修了唐伯虎墓,这是应该的,不能让他们老这么委屈着。

一切都已过去了,不提也罢。现在我只困惑,人类最早的城邑之一,会不会、应不应淹没在后生晚辈的竞争之中?

山水还在,古迹还在,似乎精魂也有些许留存。最近一次去苏州,重游寒山寺,撞了几下钟,因俞樾题写的诗碑而想到曲园。曲园为新开,因有平伯先生等后人捐赠,原物原貌,适人心怀。曲园在一条狭窄的小巷里,由于这个普通门庭的存在,苏州一度成为晚清国学重镇。当时的

笔记区

苏州十分沉静，但无数的小巷中，无数的门庭里，藏匿着无数厚实的灵魂。正是这些灵魂，千百年来，以积聚久远的固执，使苏州保存了风韵的核心。

漫步在苏州的小巷中是一种奇特的体验。一排排鹅卵石，一级级台阶，一座座门庭，门都关闭着，让你去猜想它的蕴藏，猜想它以前、很早以前的主人。想得再奇也不要紧，2 500年的时间，什么事情都可能发生过。

如今的曲园，辟有一间茶室。巷子太深，门庭太小，茶客不多。但一听他们的谈论，却有些怪异。阵阵茶香中飘出一些名字，竟有戴东原、王念孙、焦理堂、章太炎、胡适之。茶客上了年纪，皆操吴侬软语，似有所争执，又继以笑声。几个年轻的茶客听着吃力，呷一口茶，清清嗓子，开始高声谈论陆文夫的作品。

未几，老人们起身了，他们在门口拱手作揖，转过身去，消失在狭窄的小巷里。

我也沿着小巷回去。依然是光光的鹅卵石，依然是座座关闭的门庭。

我突然有点害怕，怕哪个门庭突然打开，涌出来几个人：若是长髯老者，我会既满意又悲凉；若是时髦青年，我会既高兴又不无遗憾。

该是什么样的人？我一时找不到答案。

阅读三

张爱玲：《到底是上海人》

一年前回上海来，对于久违了的上海人的第一个印象是白与胖。在香港，广东人十有八九是黝黑瘦小的，印度人还要黑，马来人还要瘦。看惯了他们，上海人显得个个肥白如瓠，像一代乳粉的广告。

第二个印象是上海人之"通"。香港的大众文学可以用脍炙人口的公共汽车站牌"如要停车，乃可在此"为代表。上海就不然了。初到上海，我时常由心里惊叹出来："到底是上海人！"我去买肥皂，听见一个小学徒向他的同伴解释："喏，就是'张勋'的'勋'，'功勋'的'勋'，不是'薰风'的'薰'。"《新闻报》上登过一家百货公司的开幕广告，用并散并行的阳湖派体裁写出切实动人的文字，关于选择礼品不当的危险，结论是："友情所系，讵不大哉！"似乎是讽刺，然而完全是真话，并没有夸大性。

上海人之"通"并不限于文理清顺，世故练达。到处我们可以找到真正的性灵文字。去年的小报上有一首打油诗，作者是谁我已经忘了，可是那首诗我永远忘不了。两个女伶请作者吃了饭，于是他就作诗了："樽前相对两头牌，张女云姑一样佳。塞饱肚皮连赞道：难觅任使踏穿鞋！"多么可爱的、曲折的自我讽嘲！这里面有无可奈何，有容忍与放任——由疲乏而产生的放任，看不起人，也不大看得起自己，然而对于人与己依旧保留着亲切感。更明显地表示那种态度的有一副对联，是我在电车上看见的，用指甲在车窗的黑漆上刮出字来："公婆有理，男女平权。"一向是"公说公有理，婆说婆有理"，由他们去吧！各有各的理。"男女平等"，闹了这些年，平等就平等吧！——又是由疲乏而起的放任。那种满脸油汗的笑，是标准中国幽默的特征。

上海人是传统的中国人加上近代高压生活的磨炼，新旧文化种种畸形产物的交流，结果也许是不甚健康的，但是这里有一种奇异的智慧。

谁都说上海人坏，可是坏得有分寸。上海人会奉承，会趋炎附势，会混水里摸鱼，然而，因为他们有处世艺术，他们演得不过火。关于"坏"，别的我不知道，只知道一切的小说都离不了坏人。好人爱听坏人的故事，坏人可不爱听好人的故事。因此我写的故事里没有一个主角是个"完人"。只有一个女孩子可以说是合乎理想的，善良、慈悲、正大，但是，如果她不是长得美的话，只怕她有三分讨人厌。美虽美，也许读者们还是要向她叱道："回到童话里去！"在《白雪公主》与《玻璃鞋》里，她有她的地盘。上海人不那么幼稚。我为上海人写了一本香港传奇，包括《泥香屑》《一炉香》《二炉香》《茉莉香片》《心经》《琉璃瓦》《封锁》《倾城之恋》八篇。写它的时候，无时无刻不想到上海人，因为我是试着用上海人的观点来察看香港的。只有上海人能够懂得我的文不达意的地方。

我喜欢上海人，我希望上海人喜欢我的书。

笔记区

后记　编者的话

硅湖职业技术学院作为一所民办高校，面对生存危机和特殊学情的严峻挑战，自加压力，迎难而上，成功打造了以"感动度"为核心的"5G"体验式思政课堂，取得了良好的教学和育人成效。

本教程是2017年江苏省高等教育教改研究重点立项课题"基于"5G"体验式课堂提升高职学生发展核心素养的研究与实践"［2017JSJG084（2-6）］的成果，是"新时代大学生发展核心素养创新系列教材丛书"选题之一。学校十分重视，将此列为校重点教材建设项目予以支持，让我深感责任重大。

本教程以全国高校思想政治工作会议和党的十九大会议精神为指导，以提升高职学生核心素养为出发点，贴近大学新生实际，突出"5G"体验式课堂特色，注重本校办学历史和育人文化的传承，可作为高校新生入学教育和思政类课程的辅助性、实践性教材。

感谢徐宏俊、杨智勇、刘福、戴国梅、杨建国和魏伟这支全部由中共党员组成的编写团队，他们将多年的理论探索和实际工作经验融入每章每节，精益求精，力求完美，付出了极大心血！

非常感谢梁顺才董事长和史宝凤董事长对本教程编写给予的高度关注，梁董还亲自阅改了第一、二、四模块的相关内容，史董在百忙中拨冗亲自为本教程作序！

感谢学校党政领导和相关部门负责同志对本教程编写给予的热诚鼓励、具体指导和大力支持！

最后感谢北京理工大学出版社对本教程出版给予的鼎力支持。

囿于水平，教程中定有许多不足之处，恳请各位同行、学生朋友和读者加以批评指正，并希望把使用过程中发现的问题及时反馈给我们，以便日后加以改进。

顾定红

2018年7月

参考文献

[1] 习近平．在全国高校思想政治工作会议上的重要讲话［R］．新华网，2016－12－8．

[2] 中国学生发展核心素养研究课题组．中国学生发展核心素养［J］．中国教育学刊，2016（10）：1－3．

[3] 中国学生发展核心素养研究课题组．凝练学生发展核心素养　培养全面发展的人［N］．中国教育报，2016－09－14．

[4]《思想道德修养与法律基础》教材编写组．思想道德修养与法律基础（修订版）［M］．北京：高等教育出版社，2015．

[5] 刘玉娟，王向民，陈文坤．思想道德修养与法律基础实践教程［M］．北京：国家行政学院出版社，2013．

[6] 顾定红，徐宏俊．思想道德修养与法律基础体验式助学读本［M］．杭州：浙江大学出版社，2016．

[7] 顾定红．"5G"课堂，以感动度提升思政教学的有效性［N］．中国教育报，2017－11－29．

[8] 夏加力，张晖，刘长虹．新起点新征程——大学生入学必读（修订版）［M］．上海：上海交通大学出版社，2013．

[9] 谢丽香、吴秋琼．小女人的建筑大梦：谢丽香与伍角船板［M］．台北：吴氏图书有限公司，2006．

[10] 付伟．团队能力建设培训全案［M］．北京：人民邮电出版社，2011．

[11] 司家栋，等．班级团体心理辅导课程操作实务［M］．北京：蓝天出版社，2012．

[12] 中国教育报评论员．实现中国梦必须锤炼高尚品格［N］．中国教育报，2013－05－11．

[13] 廖志诚．道德的力量是无穷的［N］．中国教育报，2018－04－12．

[14] 毕淑敏．心灵七游戏［M］．北京：北京十月文艺出版社，2004．

[15] 苏雁，李锦．思修课，可以"体验着"上［N］．光明日报，2014－07－21．

参考软文

[1] 许琳．工科"女学霸"的别样人生［EB/OL］．http：//news.sdust.edu.cn/content_98EDED76404E177B6FA0753FABDA168B.htm.

［2］陈庆滨，马超．南开学子发出倡议寻找"南开好室友"讲出身边感人故事［EB/OL］．http：//news.163.com/13/0509/19/8UF6DK7V00014JB5.html.

［3］马加爵．忏悔——马加爵的一封信［EB/OL］．https：//baike.baidu.com/item/%E9%A9%AC%E5%8A%A0%E7%88%B5/154174？fr=aladdin.

［4］三峡大学生药学院心安部．大学生安全事故［EB/OL］．http：//blog.sina.com.cn/s/blog_e5f338260102w77b.html.

［5］真友书屋．上胜町：日本零垃圾小镇［EB/OL］．http：//www.360doc.com/content/18/0730/10/58237315_774358103.shtml.

［6］张仁平，黄颖颖．酒后伤人，大学生涉罪 一纸决定改变四人命运［EB/OL］．http：//www.xinhuanet.com/2018-07/11/c_1123109858.htm.

［7］东部战区．学雷锋，这个战士感动了"最美教师"［EB/OL］．https：//mp.weixin.qq.com/s？_biz=MzA3NjIyMDYzNQ%3D%3D&idx=2&mid=2650785417&sn=5f7178498fd7bb8d9841c006c5ba8b11.

［8］威海职业学院学生工作处．生命因搏击而精彩［EB/OL］．http：//www.weihaicollege.com/xszz/7d/9f/c2446a32159/page.htm.

［9］梧桐雨．背着养母上大学，"90后"感动中国［EB/OL］．http：//www.xiaogushi.com/diy/jishigushi/2012122414867.html.

［10］陆想汇．校园贷退出校园市场后，银行成功上位！［EB/OL］．http：//www.sohu.com/a/234532293_481423.

［11］叨叨发现．霍金的励志小故事，他对世人的贡献不只是科学研究［EB/OL］．https：//www.sohu.com/a/225562662_100121920.

［12］隋美丽．这些大学生安全防范常识，你get到了吗？［EB/OL］．http：//www.sohu.com/a/200195927_312208.

［13］张晓萍．2018 RMCC首届中国花桥首届卡丁车城市街道赛拉开帷幕［EB/OL］．http：//money.china.com/fin/kj/201805/21/519700.html.

［14］陆森．周庄深度游，且行且感受［EB/OL］．https：//m.ctrip.com/webapp/you/travels/Zhouzhuang81/1847636？searchKeyword=&backUrl=https%3A%2F%2Fm.ctrip.com%2Fhtml5%2Fyou%2Ftravels%2Fsuzhou11.html&hideBrandTip=1.

［15］最爱凤凰．心心念念苏州，我为你而来［EB/OL］．http：//www.tuniu.com/trips/10031913.

［16］景梅．关于上海的游记散文［EB/OL］．http：//mip.ruiwen.com/wenxue/sanwen/404971.html.

［17］昆山两岸青年创业园．昆山对接上海，新时代唱响又一幕唯美"昆曲"［EB/OL］．http：//www.sohu.com/a/235397236_99935469.

［18］余秋雨．白发苏州［EB/OL］．http：//www.sanwenji.cn/yuqiuyu/312.html.

［19］张爱玲．到底是上海人［EB/OL］．http：//www.ruiwen.com/wenxue/zhangailing/28960.html.